엘리자베스 여왕의 왕국

# England

## AD 1533 - 1603

타임라이프 세계사 07_ 잉글랜드

# 엘리자베스 여왕의 왕국
# England

AD 1533 - 1603

타임라이프 북스 지음 | 권경희 옮김

## :: 차례

엘리자베스 여왕의 왕국

# 종교개혁, 반란, 그리고 전쟁

－잉글랜드의 개관과 연표

1558년 엘리자베스 1세가 25세의 나이로 왕위에 올랐을 때 잉글랜드는 안팎으로 위험에 직면해 있었다. 국내는 종교 소요가 끊이지 않았으며, 대외적으로는 프랑스 및 스코틀랜드와 갈등을 빚고 있었다. 당시 국민 대다수는 이 젊은 여왕이 그녀를 보호하고 이끌어줄 남편 없이는 난국 수습에 필요한 강하고 안정된 지도력을 발휘할 수 없을 것이라고 걱정했다. 따라서 그녀는 이것이

기우임을 증명해 보여야 했다.

엘리자베스는 할아버지인 헨리 7세가 1485년 세운 튜더 왕조에 계보를 두었다. 그녀의 아버지 헨리 8세는 왕권 강화라는 업적을 쌓았음에도 불구하고, 외국과의 여러 차례 전쟁으로 많은 재화를 낭비했으며, 교황권을 거부함으로써 자신의 왕국을 불안하게 만들었다. 그는 서로 다른 아내에게서 3명의 왕위 계승자를 낳았다. 에드워드 6

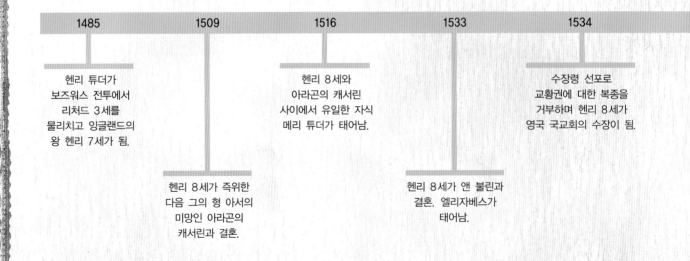

| 1485 | 1509 | 1516 | 1533 | 1534 |
|---|---|---|---|---|
| 헨리 튜더가 보즈워스 전투에서 리처드 3세를 물리치고 잉글랜드의 왕 헨리 7세가 됨. | | 헨리 8세와 아라곤의 캐서린 사이에서 유일한 자식 메리 튜더가 태어남. | | 수장령 선포로 교황권에 대한 복종을 거부하며 헨리 8세가 영국 국교회의 수장이 됨. |
| | 헨리 8세가 즉위한 다음 그의 형 아서의 미망인 아라곤의 캐서린과 결혼. | | 헨리 8세가 앤 불린과 결혼. 엘리자베스가 태어남. | |

세는 아버지의 뒤를 이어 잉글랜드의 종교개혁을 몰아붙여 카톨릭 교도들을 절망시켰다. 그 반대로 메리 1세는 로마 교황청의 권위를 복원하고 강력한 카톨릭 국가의 왕위 계승자였던 스페인의 펠리페와 결혼함으로써 프로테스탄트들에게 원망을 샀다. 마지막으로 엘리자베스 1세는 온건한 프로테스탄트를 수립하고 프랑스와 스코틀랜드와의 외교에서도 평화를 이끌어냄으로써 국가를 안정시킬 방법을 모색했다.

하지만 국내에서의 평화는 1568년 엘리자베스의 종자매인 메리 스튜어트가 스코틀랜드에서 강제로 퇴위당하고 잉글랜드에 나타났을 때 산산조각이 나고 말았다. 많은 잉글랜드의 카톨릭 교도들이 메리를 그들의 여왕으로 모시고 싶어한다는 사실을 알았던 엘리자베스는 그녀를 가택연금시켰다. 곧이어 북부에서 메리를 옹립하려는 반란이 일어났지만, 엘리자베스의 군대는 재빨리 반란을 진압했다.

이 북부 반란에 이어 그후 스코틀랜드와 프랑스의 프로테스탄트들을 도우려 했던 몇 차례의

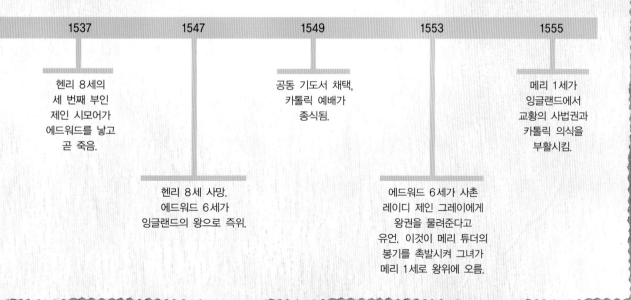

1537
헨리 8세의 세 번째 부인 제인 시모어가 에드워드를 낳고 곧 죽음.

1547
헨리 8세 사망. 에드워드 6세가 잉글랜드의 왕으로 즉위.

1549
공동 기도서 채택, 카톨릭 예배가 종식됨.

1553
에드워드 6세가 사촌 레이디 제인 그레이에게 왕권을 물려준다고 유언. 이것이 메리 튜더의 봉기를 촉발시켜 그녀가 메리 1세로 왕위에 오름.

1555
메리 1세가 잉글랜드에서 교황의 사법권과 카톨릭 의식을 부활시킴.

개입을 제외하면 잉글랜드는 1558년부터 1580년대 중반까지는 평화를 누리며 안팎으로 점점 힘을 쌓아가고 있었다.

런던은 기회를 잡기 위해 전국에서 모여든 수천 명의 방랑자와 악당, 종교개혁자, 의사, 법조인, 극작가와 팸플릿 제작자들로 하루가 다르게 팽창하고 있었다. 이 흥행산업의 시대에, 왕실과 상인들은 프랜시스 드레이크 경과 월터 롤리 경처럼 멀리 있는 땅들을 탐험하고 식민지로 만드는(또 스페인의 보물선들을 약탈하는) 모험가들의 노

력에 지원을 아끼지 않았다.

스페인과 불화가 생긴 것은 1585년, 엘리자베스 여왕이 스페인 군주들에게 대항하던 네덜란드 북부 지역에 군대를 지원해주었을 때부터였다. 그사이 스페인은 엘리자베스를 퇴위시키고 메리를 왕위에 올리길 바라는 잉글랜드 내 카톨릭 세력들을 부추기고 있었다. 메리 스튜어트는 이러한 반란 음모 중 하나에 연루되었다가 결국 1587년 사형당하게 된다. 그리고 다음해, 잉글랜드 군대는 스페인의 가공할 아르마다(무적함대)를 침

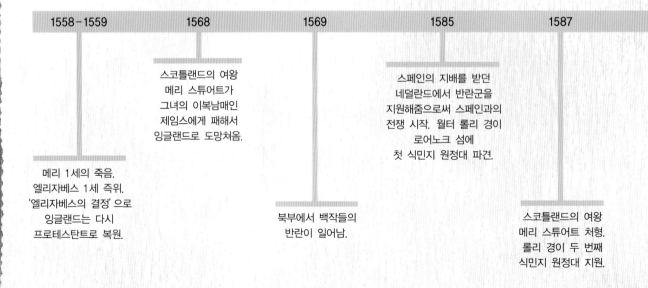

| 1558-1559 | 1568 | 1569 | 1585 | 1587 |
|---|---|---|---|---|

스코틀랜드의 여왕 메리 스튜어트가 그녀의 이복남매인 제임스에게 패해서 잉글랜드로 도망쳐옴.

스페인의 지배를 받던 네덜란드에서 반란군을 지원해줌으로써 스페인과의 전쟁 시작. 월터 롤리 경이 로어노크 섬에 첫 식민지 원정대 파견.

메리 1세의 죽음. 엘리자베스 1세 즉위. '엘리자베스의 결정'으로 잉글랜드는 다시 프로테스탄트로 복원.

북부에서 백작들의 반란이 일어남.

스코틀랜드의 여왕 메리 스튜어트 처형. 롤리 경이 두 번째 식민지 원정대 지원.

몰시킴으로써 여왕에게 그녀의 집권 전체를 통틀어 가장 큰 승리를 안겨주었다.

여왕의 집권 말기는 스페인과의 갈등, 아일랜드의 그치지 않는 봉기, 그리고 카톨릭을 복원하려는 예수회 신부들의 은밀한 활동과 급진적인 퓨리턴주의를 요구하는 퓨리턴들로 인한 끊이지 않는 종교분쟁으로 어지러웠다.

엘리자베스는 또한 궁정의 조신들로부터 도전을 받았는데, 악명 높은 에식스 백작 로버트 데버루는 여왕이 총애를 거두자 곧 그녀를 배신했다. 하지만 여왕은 이 모든 폭풍을 꿋꿋이 물리치며 전진해나갔다. 1603년 그녀가 죽었을 때 이 '처녀 여왕'은 잉글랜드의 미래를 장담하지 못할 것이라는 처음 왕위에 올랐을 때의 불길한 예언들을 보기 좋게 깨뜨리고, 자신의 후계자이자 메리 스튜어트의 프로테스탄트 아들인 제임스 1세에게 이전보다 훨씬 강대하고 안전한 나라를 물려주었다.

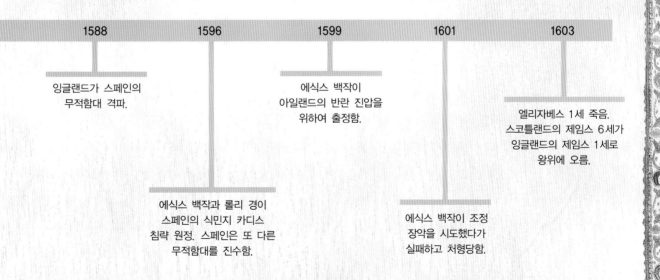

1588
잉글랜드가 스페인의 무적함대 격파.

1596
에식스 백작과 롤리 경이 스페인의 식민지 카디스 침략 원정. 스페인은 또 다른 무적함대를 진수함.

1599
에식스 백작이 아일랜드의 반란 진압을 위하여 출정함.

1601
에식스 백작이 조정 장악을 시도했다가 실패하고 처형당함.

1603
엘리자베스 1세 죽음. 스코틀랜드의 제임스 6세가 잉글랜드의 제임스 1세로 왕위에 오름.

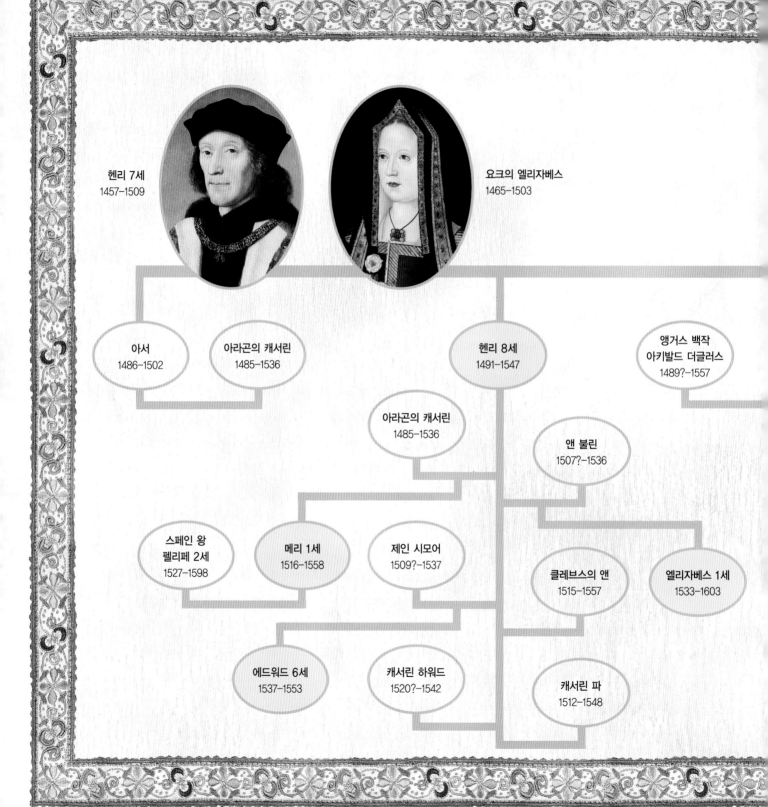

헨리 7세
1457-1509

요크의 엘리자베스
1465-1503

아서
1486-1502

아라곤의 캐서린
1485-1536

헨리 8세
1491-1547

앵거스 백작
아키발드 더글러스
1489?-1557

아라곤의 캐서린
1485-1536

앤 불린
1507?-1536

스페인 왕
펠리페 2세
1527-1598

메리 1세
1516-1558

제인 시모어
1509?-1537

클레브스의 앤
1515-1557

엘리자베스 1세
1533-1603

에드워드 6세
1537-1553

캐서린 하워드
1520?-1542

캐서린 파
1512-1548

# 튜더 왕조 계보

리치먼드의 백작 헨리 튜더는 1485년 보즈워스 전투에서 리처드 3세를 물리치고 왕을 죽였다. 그후 백작은 자신을 헨리 7세라 선언하며, 리처드의 죽은 형 에드워드 4세의 딸인 요크의 엘리자베스와 결혼했다. 이때부터 튜더 왕조가 시작되었다. 아래는 잉글랜드의 6명의 군주 (진한 부분)를 배출한 튜더 왕조의 가계도를 출생년도와 사망년도 순으로 정리했다. 여기엔 1553년 즉위해서 겨우 9일간 통치했던 불운의 제인 그레이도 포함되어 있다. 결혼관계는 수평으로 나타냈으나, 여섯 번이나 결혼했던 헨리 8세는 연대순에 맞추어 수직으로 정리했다.

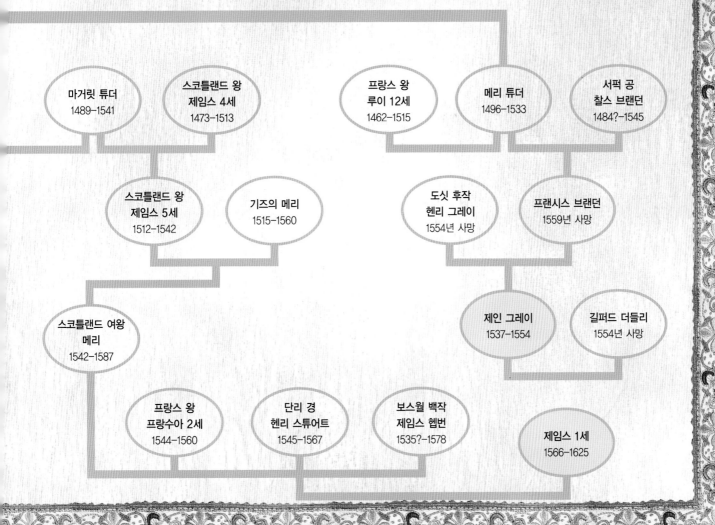

베들레헴 호스피털

크라이스트 호스피털

치프사이드

세인트폴 대성당

뉴 피시 스트리트

스트랜드

템스 가

런던 탑

교도소

런던 브리지

미들 템플

템스 강

채링 크로스

장미극장

글로브 극장

클링크 교도소

화이트홀 궁

사우스워크

영국 의회 의사당 (웨스트민스터 궁전)

0          1/2

축적(마일)

스페인 령 네덜란드

●칼레

프랑스

엘리자베스가 물려받은 왕국은 사방이 적들에게 둘러싸인 것처럼 보였다. 1558년, 잉글랜드는 프랑스 및 스코틀랜드와 전쟁 중이었다. 그리고 30년 후, 스페인 왕 펠리페는 잉글랜드 침공을 개시하면서 스페인 령 네덜란드에 있던 군대를 불러모았다. 아일랜드는 여왕이 통치하던 45년 내내 격렬하게 반항했다. 하지만 잉글랜드는 이러한 국제긴장을 견뎌냈을 뿐 아니라 번영을 이루어냈다.

런던은 엘리자베스 시대 잉글랜드의 유일한 대도시였다. 행정과 상업, 사회생활의 중심지인 런던으로 들어가기 위해서는 런던 브리지와 템스 강, 그리고 이제는 더 이상 도시의 경계선 구실을 하지 못하던 오래 된 성벽인 런던 월에 나 있는 수많은 문들을 이용해야 했다. 부자들은 이 성벽 서쪽에 있는 번화가 스트랜드에 아름다운 저택들을 지었다. 한편 지위 고하를 떠나서 모든 런던 시민들은 선각자들의 연극을 즐기기 위해 강을 건너 사우스워크 외곽 지역으로 모여들었다. 위대한 극작가 윌리엄 셰익스피어는 조국의 영광을 이렇게 노래했다. "왕들의 고결한 이 왕관, 왕의 홀(笏)을 쥔 이 섬 /⋯이 은총 입은 대지, 이 땅, 이 왕국, 잉글랜드여."

# 무서운 아버지

"우리의 왕은 황금이나 보석이 아니라, 덕행과 영광과 불후의 명성을 원한다." 1509년 헨리 8세가 권력을 잡았을 때 잉글랜드의 한 귀족은 이렇게 말했다. 그후 영광을 향한 헨리의 집념은 잉글랜드를 불안과 혼란에 빠뜨렸으며, 장차 그의 딸이자 마지막 왕위 계승자였던 엘리자베스가 직면하게 될 수많은 문제점들의 씨앗이 되었다.

당초 젊은 왕 헨리의 미래는 창창했다. 겨우 18세의 나이로 왕위에 올랐을 때, 그는 튜더 왕조의 시조인 아버지 헨리 7세로부터 안정된 왕국을 물려받았으며, 형의 미망인이자 당시

수염을 기르고 보석 장식을 하고 있는 헨리 8세의 초상화. 1540년 한스 홀바인의 작품으로, 과다체중이었던 헨리가 위풍당당한 군주의 모습으로 그려져 있다.

유럽 최강국이었던 스페인의 페르디난드 왕과 이사벨 왕비 사이에서 태어난 아라곤의 캐서린과 결혼함으로써 그의 입지는 더욱 견고해졌다. 그는 그리스 어와 라틴 어를 읽고, 음악을 작곡하고, 시를 짓는 진정한 르네상스 인이었다. 하지만 무엇보다도 화려한 패전트 공연과 연회에서 지상에서의 기쁨을 찾았으며, 직접 이런 시를 남기기까지 했다. "좋은 친구들과 함께하는 오락을 / 나는 사랑하며 죽을 때까지 사랑하리."

'폐하(Your Majesty)'로 불리길 주장한 최초의 잉글랜드 왕이었던 헨리는 재위기간 내내 전례가 없던 군주의 권력을 주장했다. 교황청이 캐서린과의 결혼 무효 신청을 거절하자, 그는 스스로 영국 국교회의 수장이 되었다. 그런 다음 수도원들을 폐쇄하고, 거기서 몰수한 재산으로 좋아하는 신하들에게 상을 주거나 외국과의 전쟁자금에 사용했다.

헨리는 군주제 강화라는 업적과 더불어 국내의 불안과 외국과의 적대감이라는 버거운 유산을 남겼다. 그의 야단스러운 경력이 불러일으킨 결과들은 결국 엘리자베스에게 해결해야 할 과제로 남았다.

1512년 의회로 향하는 헨리 8세와 신하들. 헨리는 홀을 들고 있고, 신하들도 각각 자신의 관직을 상징하는 장식물을 들고 있다. 헨리는 의회를 전쟁자금 조달을 위해 세금을 올리거나, 영국 국교회 수장으로서 자신의 지위를 확고히 하는 데 활용했다.

## 계승자를 찾는 헨리

헨리 8세에게는 6명의 아내가 있었다. 그러나 만약 아라곤의 캐서린이 그에게 건강한 남자 계승자를 낳아주었다면 그는 첫 번째 부인으로 만족했을지도 모른다. 그들 사이에서 태어나 유일하게 살아남은 자식인 메리는 외국의 왕이나 왕자와 결혼하게 될 것이며, 그리고 그 부왕은 메리를 자기 의지대로 조종하려들 것이 틀림없었다. 헨리가 원했던 후계자는, 자신을 쏙 빼닮은, 왕국의 주인이면서 동시에 튜더의 이름을 길이길이 빛낼 수 있는 남자였다.

1533년 헨리가 그의 정부(情婦) 앤 불린의 임신 사실을 알았을 때, 문제는 터졌다. 그는 로마 교황청으로부터 캐서린과의 결혼 무효 승인을 받지도 않은 채 서둘러 앤 불린과 결혼했다. 같은 해 5월, 캔터베리 주교 토머스 크랜머는 형제의 아내를 취하는 것을 금지하는 성서에 근거해 헨리와 캐서린의 결혼이 '무효'라고 선언했다. 이것으로 헨리는 영원히 로마와 등졌으며, 메리는 사생아가 되고 말았다.

1533년 9월 7일, 궁정의와 점성가들이 남자아이의 탄생

을 확신했음에도 불구하고 앤은 딸 엘리자베스를 낳았다. "하나님의 자비로 다음엔 사내아이를 낳을 것이오"라고 헨리가 앤에게 말했다. 하지만 그 다음 아이는 없었다. 헨리는 앤을 미워하는 궁정의 정적들에게 아내를 넘겨주었고, 그들은 그녀와 친오빠 사이의 패륜과 몇 가지 간통죄를 그녀에게 뒤집어씌워 유죄 판결을 내렸다. 앤은 1536년 참수되었으며, 엘리자베스는 언니 메리가 그랬던 것처럼 왕위 계승자로서의 지위를 잃었다. 앤을 처형한 지 얼마 지나지 않아 헨리는 제인 시모어와 결혼했다. 그러나 제인은 그가 그토록 오랫동안 기다렸던 왕자 에드워드를 낳고서 얼마 지나지 않아 죽었다.

헨리는 아들 에드워드를 얻은 후에도 3명의 아내를 더 맞아들였다. 클레브스의 앤에게서는 아무런 매력을 느끼지 못해 결혼을 완성시키지 못했다. 그 다음 부인인 17세의 캐서린 하워드는 1542년 간통죄로 참수형을 당했다. 마지막 아내인 '정숙한' 캐서린 파는 메리와 엘리자베스에게 다정하게 대해주었다. 죽기 전에 헨리는 자신의 두 딸들에게 에드워드 다음으로 왕위 계승권을 복원해주었다.

1511년 헨리 왕자의 탄생(그는 곧 죽고 만다)을 축하하는 마상시합에서 승리한 헨리 8세가 상대방의 헬멧을 창에 꽂아 아라곤의 캐서린에게 자랑스럽게 보여주고 있다. 가운데 침상에 기대고 있는 캐서린은 5명의 자식을 낳았지만, 그중 메리만이 살아남았다.

# 승리와 영광을 되찾기 위한 원정

헨리 8세의 외교정책은 그의 국내에서의 사정만큼이나 시끌벅적했다. 재위 초기엔 스페인 공주 캐서린과의 결혼에 힘입어 스페인과 든든한 동맹 관계를 이루었다. 하지만 그가 캐서린을(그리고 카톨릭을) 거부함으로써 스페인과의 관계에 틈이 벌어지기 시작했으며, 이때부터 훗날 갈등의 씨앗이 마련되고 있었다.

프랑스에 대해서는 처음부터 적대적이었다. 베네치아 대사는 헨리의 대관식 날 헨리를 "프랑스의 멋지고, 자유로우며, 위대한 적"이라고 표현했다. 그는 영국해협 건너편에 있는 잉글랜드의 옛 영토들을 다시 찾는 영광에 찬 승리자가 되고 싶었으며, 이런 자신의 꿈을 이루기 위해 프랑스와 두 차례 전쟁을 치렀다. 그사이 프랑스 왕 프랑수아 1세와 평화회담을 열기도 했으나 타협을 이끌어내지는 못했다. 한 참관자는 이렇게 말했다. "이 두 왕은 매우 예의바른 태도로 서로를 증오하고 있다."

프랑스와 동맹을 맺고 잉글랜드로부터 독립하려는 움직임을 계속 보이고 있던 스코틀랜드는 헨리측에서는 또 다른 눈엣가시였다. 헨리가 이전에 일으킨 군사행동들에서 수확한 약간의 이익은 1540년대 스코틀랜드 진압으로 모두 잃었으며, 이렇게 그가 자극시킨 적대감은 계속 이어지고 있었다. 마침내 그는 자신의 왕위 계승자들에게 고갈된 국고와 외국의 결정적인 적들을 유산으로 물려주었다.

프랑스의 프랑수아 1세와 1주일간의 회담을 위해 '금란(金襴)의 들'에 도착한 헨리와 6,000명의 잉글랜드 군사들. '금란의 들'은 장식이 화려했던 프랑스의 천막 소재에서 유래된 지명이다. 앞에 보이는 건물은 헨리가 1520년 프랑스 땅에 지었던 궁전이다.

미래의 튜더 왕조의 여왕이 될 메리(왼쪽 끝)와 엘리자베스(오른쪽 끝)가 헨리가 사랑하는 아들이자 왕위 계승자인 에드워드 양편에 서 있다.
가운데 앉아 있는 여인은 에드워드의 친어머니인 제인 시모어로, 사실은 출산 직후 죽었지만 이 그림에서는 상징적으로 재현되어 있다.

# 왕위 계승권

"왕이 승하하셨다." 1547년 1월 31일, 헨리 8세가 숨을 거두자 궁정신하들은 이렇게 울부짖었다. "오, 왕이여 장수하소서!" 하지만 헨리의 아들이자 계승자인 9세의 에드워드 6세는 장수할 수 있을 것 같지 않았다. 1553년 봄이 될 무렵 그는 폐결핵으로 죽음을 눈앞에 두고 있었으며, 다음 왕위는 카톨릭 교도들의 강력한 지지를 받고 있던 그의 39세 된 누나 메리에게 계승될 예정이었다. 하지만 조언자들은 그것을 막기 위해 메리와 엘리자베스의 계승권을 빼앗고, 대신 그의 상속자이자 종교적 신념이 같은 헨리 왕의 대질녀 레이디 제인 그레이를 상속자로 지명하라고 어린 왕을 설득했다.

에드워드가 죽은 같은 해 6월 6일, 제인이 꺼림칙하게 왕관을 물려받았다. 하지만 9일 후, 헨리에게 충성을 바쳤던 카톨릭 교도들과 프로테스탄트 교도들의 지원을 받아 메리가 왕위에 오르고, 제인은 퇴위했다. 제인은 카톨릭의 관대함을 거부해 참수되었으며, 다른 많은 사람들도 '피의 메리'의 희생자가 되었다. 메리는 그후 스페인 왕권의 상속자인 펠리페 왕자와 결혼을 결심했다. 스페인의 지배를 우려하는 사람들은 메리를 물리치고 엘리자베스를 왕좌에 올리려는 반란을 꿈꾸었다(엘리자베스는 이때 이미 메리의 어린 시절을 파멸시켰던 악명 높은 앤 불린의 딸답게 무시 못할 지위에 있었다). 20세의 엘리자베스는 모반에 연루된 혐의로 런던 탑에 갇혔지만, 끝까지 자신의 무죄를 주장했으며, 다른 반역자들과는 다르게 자신의 기지로 탑에서 벗어났다.

메리는 카톨릭을 복원하기 위해 이단자 처벌법을 실행했는데, 이 처벌법은 그녀와 신앙이 같았던 카톨릭 교도들에게조차 큰 충격을 줄 정도로 섬뜩했다. 그녀가 왕명으로 화형에 처한 사람은 270명이 넘었으며, 그중에는 크랜머 주교도 포함되었다. 엘리자베스는 비록 메리와 나란히 카톨릭 미사에 참석하고 있었지만, 마음속으로는 자신을 프로테스탄트로 인식하고 있었다. 훗날 메리에게 희생당했던 한 유명 시인은 이렇게 썼다. "맹렬한 불길로 죽음에 이를 때까지도 / 우리는 우리의 엘리자베스를 소망했다."

프로테스탄트의 이러한 소망은 1558년 결국 이루어졌다. 자식을 낳지 못했던 메리는 비록 내키지는 않았지만 펠리페를 기쁘게 하려고 엘리자베스를 상속자로 확인시켜주고 죽었다. 펠리페는 엘리자베스가 자신과 결혼을 하거나 아니면 적어도 다른 뛰어난 스페인 남자와 결혼하길 원했다. 하지만 펠리페뿐 아니라, 새 여왕을 조종하려고 발버둥쳤던 다른 사람들은 경악할 수밖에 없었다. 엘리자베스는 자신에게 부과된 발등의 불 같은 문제들과 씨름하는 중에도 그 누구보다 원대한 꿈을 가슴에 품고 있었다. 그것은 헨리 왕이 자신의 아들을 통해 이루어내고 싶었던 것이기도 했다. 그녀는 자신의 왕국을 강력하게 통치하며 그 어떤 남자에게도 소속되지 않았다.

# 1 :: 여왕과 그녀의 조신들

1600년, 신하들이 둘러멘 가마에 올라 런던의 결혼식 행렬에 참가한 엘리자베스 여왕. 가마꾼들 중에 흰 옷을 입은 남자는 바로 그날의 신랑으로, 자신의 신부를 향해 무언가 신호를 보내고 있다. 당시 엘리자베스의 나이는 60대였지만, 젊고 아름다운 영원한 처녀 여왕으로 묘사되어 있다.

여왕은 불같이 화를 냈다. 1566년 10월, 엘리자베스의 노여움은 날이 갈수록 격해져, 런던 서쪽 템스 강변에 있는 화이트홀 궁전의 금박 장식이 뒤덮인 회랑 속까지 얼음장 같은 냉기가 스며들 지경이었다. 그녀는 아버지 헨리 8세의 초상이 걸린 커다란 그녀의 방에서조차 분을 참을 수가 없었다. 그림 속의 아버지는 작지만 잔뜩 눈에 힘을 준 모습으로 걱정에 가득 찬 그녀의 고문관과 신하들을 쏘아보고 있는 듯했다. 그것은 마치 그들에게 튜더 왕조의 군주는 결코 신하들에게 농락당하지 않을 것임을 상기시키려는 듯한 모습이었다.

아버지 생전엔 왕실의 문제에 대해서 입도 벙긋하지 못했던 의회 의원들이 지금 그녀에게는 귀찮을 정도로 간섭하려 들었다. 그들은 33세의 엘리자베스에게 결혼할 것을, 그리고 만약 그녀가 상속자를 출산하지 못하고 죽을 경우에 대비해 왕위 계승자를 지명할 것을 요구하는 청원서를 올리겠다고 했다. 그녀의 개인적인 감정은 접어두고라도, 이런 문제들은 공론에 부치기엔 부적절하다는 게 엘리자베스의 시각이었다. 상황이 더 어렵게 되려는지, 서민원(하원)은 이 청원서에 왕실 특별보조세를 지급하는 의안과 연계시키려 했다. 그런데 귀족들과 영국 국교회의 주교들로 구성된, 여왕의 당연한 동맹자가 되어야 할 귀족원(상원)들도 하원에서 벌이고 있는 이러한 노력을 막을 수도 없었고 막으려 하지도 않았다. 그들도 왕위 계승 문제에 대해 크게 걱정하고 있었던 것이다.

의회를 정지할 권한이 있었던 엘리자베스는 의원들에게 냉정을 되찾으라며 몇 달 동안 집으로 보낼 생각이었다. 하지만 한 고문관이 지적했다. 그런식으로 회피하면 여왕은 앞으로도 의원들의 요구에 큰소리를 치기 어려울 것이며, 의회를 "폐하의 돈을 없애기만 할 뿐 무능하게" 만들 것이라는 것이었다. 엘리자베스가 무엇보다도 중요시한 게 있었다면 그것은 신하들의 조언이었다.

여왕의 분노는 10월 말 최고조에 이르렀다. 귀족원의 지도자들까지 하루속히 왕위 계승자를 지명하라고 재촉하기 시작했다. 자신들의 특권을 지키기 위해 안달하는 귀족들이 어찌 감히 그녀의 일에 이토록 간섭하려던단 말인가? 엘리자베스는 노퍽 공작을 '반역자'라고 불렀으며(반역자라는 이 죄목은 훗날 다시 그를 괴롭힌다), 그리고 당시 자신의 두 번째 결혼의 정당성 여부로 문제가 많았던 노샘프턴 후작에게는 본인의 일이나 잘 처리하라고 힐책했다.

여왕은 총신 로버트 더들리에게까지 신랄한 말을 퍼부었다. 여왕은 그를 총애하다 못해 최근엔 레스터 백작 작위를 내려 귀족으로 만들어주었다. 오랫동안 여왕의 거마 관리관이었던―그리고 세인들의 말에 의하면 아직도 여왕의 마음을 빼앗고 있는 주인(the master of her heart)―그는 여왕이 결코 자신과의 결혼에 동의하지 않으리라는 걸 잘 알고 있었다. 하지만 아직도 여왕의 애정을 받고 있었으며, 그녀는 그 보상으로 절대적 충성을 요구했다. 여왕은 그에게 "온 세상이 나를 버리더라도 그대에게만은 더 나은 것을 기대했다"라고 말했다. 그는 그녀의 발밑에서 죽을 것이라고 맹세했지만, 여왕은 차가운 표정을 지었다. 그녀가 필요했던 것은 점점 약해지는 조신들이 아니라 그녀를 지켜줄 든든한 방어자였다. 귀족들 옆을 걸어나오는 그녀의 머릿속에는

26

옥좌에 앉아 의회를 주재하는 엘리자베스 여왕. 귀족과 성직자로 구성된 상원의원들은 화려한 관복을 입고 자리에 앉아 있다. 귀족보다 낮은 계급의 젠틀맨들로서 그들의 동료인 지주들에 의해 선출된 하원들은 바닥에 가로장 뒤에 서 있다. 의회는 여왕이 소집할 때에만 열렸으며, 여왕은 의회의 동의 없이는 세금을 올리거나 법령을 제정할 수 없었다.

그들을 가택연금시켜야겠다는 생각이 스쳐
지나가고 있었다.

만약 아무도 그녀를 돕지 않는다면 그녀
자신의 힘으로 의회를 복종시켜야 하리라.
11월 초, 그녀는 상원과 하원에서 각 30명
의 의원들을 소집했다. 여왕의 초청을 받은
자랑스러운 남자들은 애증이 반반 섞인 눈
으로 여왕을 바라보았다. 하지만 그들에게
존경을 요구하는 그들의 군주는 한 여인으
로서는 몹시도 절실한 보호가 필요한 것처
럼 보였다.

여왕이 결혼을 거부하는 것은 자연을 거
스르는 일이며 또한 무책임한 일이었다. 여
자는 남편이 필요한 법이었다. 국가는 그
왕권을 이어나갈 상속자가 필요했다. 만약
여왕의 몸에서 상속자가 태어나지 못한다
면, 그녀가 왕위 계승자를 지명하면 그만이
지 않은가. 만약 여왕이 죽는다면? 여왕은
4년 전에도 천연두에 걸려 죽을 뻔하지 않
았던가? 그렇다면 잉글랜드는 프랑스와 저
지대 국가들을 삼키려는 카톨릭과 프로테
스탄트 사이의 야만적인 내란 상태로 빠져
들고 말 것이다.

의회 의원들, 대부분이 엘리자베스처럼
프로테스탄트였던 이들은 여왕이 죽는 경

우 일어날 이러한 분쟁을 두려워할 충분한 이유가 있었다. 그녀는 헨리 8세의 자식 중 유일하게 살아 있는 마지막 핏줄이었다. 만약 그녀가 상속자를 출산하지 않거나 지명하지 않는다면, 그 다음엔 여왕의 종자매이자 스코틀랜드의 여왕인 메리 스튜어트가 잉글랜드의 왕권을 주장하게 될 것이다. 헨리 8세의 누이 마거릿 튜더와 스코틀랜드의 왕 제임스 4세의 손녀인 메리는 잉글랜드의 프로테스탄트들이 두려워할 모든 것을 갖추고 있었다. 확고한 카톨릭 신앙과 가증스러운 프랑스와의 밀접한 연대, 잉글랜드 북부에 사는 카톨릭 교도들의 사랑, 로마 교황청의 강력한 신임···. 프로테스탄트들은 이러한 메리를 무조건 막아내고 자신들만의 상속자를 내세워야 했다. 더구나 메리는 최근 잉글랜드에 살던 사촌인 단리 경 헨리 스튜어트와 두 번째 결혼을 하고 아들까지 낳았는데, 그 아들은 엘리자베스의 상속자가 될 가능성이 있었다. 의원 중 한 명이 지적한 것처럼 "거리에 굴러다니는 돌멩이도 까딱하면 반란을 일으킬 수 있는" 상황이었다.

하지만 엘리자베스는 이 문제를 다르게 보고 있었다. 그녀가 왕위 계승자 지명 문제에 압박감을 느끼지 않았던 이유는, 자신은 조만간 죽지는 않을 것이기 때문이었다. 11월 오후의 사그라지는 빛 속에서 화려한 관복을 걸친 남자들은 하나같이 그녀보다 나이가 많았다. 하지만 그들 앞에 나타난 그녀는 인생의 절정기의 모습이었다. 군살 없는 우아한 몸매에 가늘고 기름한 손, 붉은 기운이 살짝 감도는 눈이 어지러울 정도로 화려한 금발, 그리고 유행에 맞추어 창백하게 화장한 얼굴. 그 끔찍했던 천연두도 여왕의 당당한 아름다움을 조금도 해치진 못했다.

여왕이 의원들을 향해 그대들은 큰 실수를 했다고 말했다. 하원들 중에서 성미가 급한 사람들은 다시 왕위 계승권이라는 예민한 문제를 거론하고 나섰다. 상원은 하원의 무례함을 저지할 의무가 있었음에도 좌중의 분위기를 따라갔다. 그들은 여왕이 잉글랜드의 번영에 무심하다는 인상을 받았다. 여왕이 그들을 향해 물었다. "내가 이 왕국에서 태어나지 않았단 말이오? 나에게 이 나라를 걱정하지 않아도 될 만한 어떤 이유라도 있단 말이오? 이곳이 나의 왕국이 아니란 말이오?" 여왕은 하나님을 기쁘게 하고 왕국의 이익에 봉사할 수 있는 남자가 있다면 결혼하겠다고 말했고, 그 진술은 간단히 무시되었다. 그녀는 이렇게 선언했다. "저 이상한 청원자 무리들은 내 입에서 결혼 상대자의 이름이 떨어지기를 요구하지만, 막상 내가 그 이름을 말한다면 결코 받아들이지 않을 것이다!"

그녀는 자신의 결혼을 밀어붙이려는 사람들은 정작 그녀가 결혼하기 무섭게 그 남편을 경멸할 인간들이라고 덧붙였다. 회의실의 어느 누구도 이 말을 부인하지 못했다. 비록 여러 나라의 왕과 왕자가 후보자로 거론되고 있었지만, 잉글랜드의 많은 사람들은 외국인 배우자는 왕국을 위험스러운 동맹과 갈등 속으로 얽혀들게 만들 것이라는 두려움을 떨칠 수 없었다. 엘리자베스의 언니이자 앞선 왕이었던 메리 튜더가 스페인의 펠리페와 결혼했을 때처럼, 외국 왕조와의 결혼은 비난을 살 것이 확실했다. 그리고 만약 여왕이 잉글랜드 인을 남편으로 맞아들인다고 해도, 더들리에 대한 강력한 반발에서 볼 수 있듯이 그에 못지않은 강력한 반대를 불러올 것이었다.

만약 그녀가 의원들의 마음에 쏙 드는 남편감을 찾아내지 못한다면, 그 다음 그녀가 계승자를 지명한다고 해서 시끄러운 그들이 입을 다물려 할까? 그리고 그녀의 적들, 계승자의 주변인물들, 여왕을 몰아낼 음모를 꾸밀 적들을 또 어떻게 막아낼 것인가? 엘리자베스는 이 모든 위험성을 너무나 잘 알고 있었다. 어린 시절 그녀 자신이 언니 다음으로 계승자 서열에 있었을 때, 의원 중 몇몇이(그녀 자신의 명예를 위해 결코 이름을 거론하지는 않았지만) 그녀를 앞세워 메리를 폐위하려는 모반을 꾸몄던 기억이 너무도 또렷했다. 만약 그녀가 지금 계승자를 정해놓는다면 그 결과는 내란으로 이어질 것이다. 그녀는 자신의 죽음 따위는 결코 두렵지 않았다. 그녀는 주장했다. "내 비록 여자이지만 아버지만큼 용기가 있으며, 내 지위를 책임질 만한 능력이 있다." 하지만 그녀는 신하들의 성급한 요구에 항복함으로써 신께서 그녀의 왕국에 내려주신 질서를 전복하도록 내버려두지는 않을 것이었다. "나는 그대들이 기름을 부어준 여왕이오." 그녀는 분명한 목소리로 듣는 이들의 기억을 상기시켰다. "내가 폭력이 무서워 어떤 일을 주저하는 일은 결코 없을 것이오. 만약 내가 페티코트 차림으로 나의 왕국에서 쫓겨난다 해도, 그곳이 기독교 국가이기만 하다면 어디서든 살아갈 강인한 자질을 주신 하나님께 나는 진심으로 감사하오."

그녀는 때가 되면 계승자를 지명할 것이라고 말했다. 단, 그 시기는 아래에서부터 치올라오는 청원에 떠밀려서가 아니라 그녀가 합당하고 정당한 시기라고 판단할 때일 것이라고 못박았다. 그 이유는, "다리가 머리에게 명령을 내리는 것은 너무도 우스운 일"이기 때문이었다.

그런 다음 여왕은 신하들을 물러가게 했다. 60명의 의원들은 그녀의 기세에 눌려, 그리고 자신들이 기름을 부어주었던 여왕이 페티코트 차림으로 외국에서 방황하는 상상에 다소 가슴이 뜨끔해져서 한 마디도 하지 못하고

# | 엘리자베스의 종교개혁 |

여왕에 오르기 전 언니 메리에 의해 런던 탑에 유폐되었던 엘리자베스는 자신을 '감옥에서부터 궁전으로' 이끌어주신 하나님께 감사했다. 그녀의 프로테스탄트 신하들도 1558년 그녀가 메리의 왕권을 이어받았을 때 뛸 듯이 기뻐했다. 그들은 엘리자베스가 그녀의 아버지 헨리 8세와 동생 에드워드 6세의 뒤를 이어 잉글랜드의 종교개혁을 마무리해줄 것을 기대했다. 하지만 여왕은 국민의 다수가 아직도 마음으로는 카톨릭을 믿고 있다는 사실을 알고 있었으며, 지나친 개혁으로 영국 국교회와 카톨릭 교도들을 분리시킬 생각이 없었다. 교회의 수장으로서 그녀는 분열되어 있는 국민들을 화해시키길 바랐다. 그러기 위해선 카톨릭과 엄격한 프로테스탄트로 알려진 퓨리턴 모두가 동의할 만한 접점을 찾아내야 했다.

그녀는 이 일을 '엘리자베스의 종교개혁'으로 이루어냈다. 즉위한 지 불과 3개월 만에 그녀는 의회에 "국민들이 따르고 단합하게 만드는 통일된 종교질서 법안"을 만들라고 지시했다. 그 결과 옛 신앙을 믿는 사람들이 동의할 만한, 그리고 여왕의 희망이 반영된 새로운 프로테스탄트 교회의 비전을 제시하는 법률이 탄생했다.

엘리자베스에게 이것은 정치적 이유만큼이나 개인적 신념의 문제이기도 했다. 그녀는 신도들은 라틴 어가 아니라(그녀의 왕국에서 라틴 어를 제대로 이해하는 사람은 극소수였다) 영어로 하나님의 말씀을 들어야 한다는 프로테스탄트의 원칙에 공감했다. 동시에 그녀는 카톨릭의 관습과 의례의 많은 부분을 존중했으며 개혁된 교회에서도 그것들이 보전되길 희망했다.

그녀는 중세 이후 지켜오던 신성한 전통들을 계속 이어나갔다. 세족 목요일에는 가난한 사람들의 발을 씻어주었으며, 일명 '킹스 이블(King's evil)'로 불리던 연주창으로 고생하는 사람들의 손을 어루만져주기도 했다. 또 예배당에 십자가를 두고 촛불을 밝히는 것을 좋아했던 그녀는 그것을 우상숭배로 여기는 프로테스탄트의 관점을 무시했다. 한번은 세인트폴 대성당의 주임사제가 그 효과에 대해 설교를 시작하자, 여왕은 그의 말을 제지하고 주제를 바꿀 것

이전의 카톨릭 군주들을 모방해 엘리자베스가 개인 예배당에서 그리스도의 형상 앞에 무릎 꿇고 기도하고 있다(왼쪽). 여왕이 가난한 사람들의 발을 씻어주는 세족 목요일 의식을 준비하는 모습. 한 시녀가 길게 끌리는 여왕의 자줏빛 드레스 자락을 들어주고 있다(원 안).

엘리자베스 여왕은 성서는 쉽게 접근할 수 있어야 한다는 프로테스탄트의 관점에 공감해서 영어로 씌어진 새 성경의 속표지에 자신의 그림을 넣는 것을 허락했다.

영국 국교회는 카톨릭의 높은 제단을 치우고 대신 탁자를 들여와 모두가 그리스도의 피와 살을 상징하는 포도주와 빵을 나눌 수 있도록 했다. 카톨릭 미사에서는 사제들만이 포도주를 마실 수 있었다.

을 명령했다. 이렇게 해서 촛불과 십자가는 종교적 결정의 일부로 교회에 계속 남았지만, 성물과 성화는 추방되거나 흰색으로 덧칠되었다. 엘리자베스는 또한 교회에서 전통적인 신성한 음악이 연주되는 것을 좋아해서 왕실 예배당에 카톨릭 작곡가들을 고용했다.

그녀는 카톨릭의 요구에 따라 카톨릭 사제들에겐 계속 금욕생활을 하도록 했다. 하지만 영국 국교회 성직자들에게는 심의를 거쳐 동의를 얻으면 결혼을 허용해달라는 프로테스탄트의 요구도 받아들였다. 카톨릭 관례에서 출발한 다른 대표적인 변화는 예배시 회중이 참여하는 기회를 많이 늘린 것을 들 수 있다. 또 비록 그녀 자신은 지나치게 긴 설교를 좋아하지 않았지만, 예배에서 설교에 중점을 두었다.

하지만 퓨리턴이 성직자들에게 법의를 입지 않도록 해달라는 주장은 받아들이지 않았다. '엘리자베스의 결정'에 따르면 모든 영국 국교회의 성직자들은 법의를 입어야 한다고 명시되어 있었다. 한 주교가 이 규칙에 반대하자, 그녀는 "그 헐렁헐렁한 옷은 당신에게 참으로 어울릴 것이오"라고 분명한 어조로 꾸짖었다.

프로테스탄트 설교사와 열심히 설교를 듣는 회중들. 이 그림은 메리에게 처형당한 순교자들을 찬양하기 위해 엘리자베스 시대에 출판된 책에 실려 있는 삽화이다.

엘리자베스 시대에 영어의 운을 살려서 만들었던 기도송. 카톨릭의 오랜 전통이었던 조과(朝課), 즉 아침예배를 프로테스탄트가 이어받았음을 말해주고 있다.

물러났다. 그녀는 그들에게 달리 반박할 기회조차 주지 않았다.

엘리자베스가 보여주었던 감동적인 연극은 상원을 일치시키게 만들었다. 하지만 하원은 계승자 문제를 더 이상 거론하지 말라는 여왕의 명령에 이의를 제기했다. 결국 그녀는 고문관들의 의견을 받아들여 함구령을 철회하고, 대신 왕실에 청구되는 특별보조세를 3분의 1 선으로 줄이는 것으로 타협을 보았다. 하원은 대단히 고마워하면서 계승권 토론을 그만두었다. 하지만 그들은 세제 법안 전문(前文)에 엘리자베스가 원하는 계승자 이름을 명기하도록 만들었다.

그러나 이 법안을 처리할 때가 되자, 언제나 경계심을 늦추지 않았던 여왕은 동의를 보류하는 대신 법안 전문에 이렇게 써넣었다. "왕실과 관련된 나의 개인적 견해가 보조세 법안의 전문을 장식할 이유가 없음을 나는 잘 알고 있다." 하원은 여왕의 눈치를 살피면서 전문을 적당히 수정할 수밖에 없었다.

그녀는 빼어난 언변과 결단력으로 자신이 동의할 수 없고 위험하다고 여기는 서약을 피해나갔다. 하지만 의회로 하여금 그녀를 압박할 수밖에 없게 만들었던 이 문제는 쉽게 가라앉을 성질의 것이 아니었다. 궁극적으로 엘리자베스도 그녀의 카톨릭 친척인 메리의 도전과 그녀가 조장하는 반동적 계획들을 고려하지 않으면 안 되었다.

여왕의 눈치를 살펴야 하는 이들은 의회 의원들만은 아

엘리자베스 시대 사람들은 별자리와 천체의 다른 움직임이 인간 생활에 영향을 주며 또한 미래를 풀어가는 실마리를 알려준다고 믿었다. 왕실 점성가 존 디는 엘리자베스의 궁정에 많은 영향력을 끼쳤다. 엘리자베스의 대관식을 1559년 1월 15일로 정한 사람도 디였다. 그보다 앞서 엘리자베스가 런던 탑에 감금되었을 때에도 디는 별점을 쳐서 그녀가 훗날 궁정으로 돌아가 권력을 잡을 것이라고 예언했다. 그후에도 그는 혜성의 출현에서부터 여왕이 치통을 앓을 것이라는 예후에 이르기까지 여왕에게 많은 문제들을 상담해주었다(육체적인 고통은 12궁의 배치에 지배받는다고 생각하던 시대였다). 하지만 디는 단순한 점성가나 역술가가 아니었다. 그는 점성술을 '수학적 아름다움을 지닌 기술'이라고 정의했으며, 날카로운 관찰과 계산으로 이 '발견의 시대'에 항해술과 다른 과학의 발달에도 크게 이바지했다.

니었다. 수년 동안 궁정을 출입했던 사람들 모두가 그녀의 불 같은 성정을, 때로는 아찔할 정도의 매력으로 변하기도 했던 바로 그 열정적인 성품을 너무도 잘 알고 있었다. "그녀가 짓는 미소는 순수한 햇살과도 같았으며, 그 햇살에 취할 수만 있다면 모두들 무슨 짓이든 하려 했다. 하지만 갑자기, 햇살은 사라지고, 불길한 바람과 함께 검은 구름이 몰려들었으며, 만인들 머리 위로 무시무시한 천둥이 내리쳤다"라고 한 궁정인은 전하고 있다.

그녀의 변덕스러움은 아마도 어린 시절의 가계에서부터 비롯되었을 것이다. 그녀는 자신의 어머니 앤 불린을 거의 기억하지 못했다. 앤 불린은 짧은 세월 동안 헨리의 총애를 받았지만, 바로 그의 신하들의 계략에 휘말려 3세도 안 된 딸 엘리자베스를 남겨두고 1536년 간통죄로 참수되었다. 어머니가 처형되자 어린 엘리자베스는 자신의 지위에 변화가 생겼음을 감지했다. 헨리가 엘리자베스를 비합법적인 자식으로 왕위 계승 서열에서 제외하겠다고 선언했을 때 엘리자베스는 한 후견인에게 이렇게 말했다. "어찌 이런 일이 일어나죠? 어제까지만 해도 난 '레이디 프린세스'였는데, 오늘은 '레이디 엘리자베스'가 되었으니 말이에요."

비록 딸을 궁정에서 멀리 떨어진 곳으로 보내긴 했지만, 헨리는 딸에게 좋은 옷을 대주었으며, 그녀가 6세가 되었을 때는 크리스마스를 재미있게 보내라며 궁정 사람을 보내주기도 했다. 그때 궁정인은 공주가 왕의 축복에 '겸손한 감사'를 보냈으며 '폐하의 안부'를 재차 물었는데, 그 모든 행위가 "마치 40세의 왕녀만큼이나 엄숙하고 근엄했다"라고 회상했다.

비록 남자 상속자인 에드워드에게 푹 빠져 있기는 했지만 헨리는 결국 왕위 계승 서열에 엘리자베스를 복원시켜주었다. 엘리자베스는 그의 왕국에서 허용되는 최상의 교육을 받았다. 그녀는 지칠 줄 모르는 독서가였으며, 케임브리지 대학 출신의 프로테스탄트 인문학자들의 개인교습을 소화할 정도로 총명한 학생이었다. 그리스 어와 라틴 어를 완벽하게 구사했으며(훗날 여왕에 오른 뒤에는 라틴 어로 능란하게 연설했다), 프랑스 어와 이탈리아 어도 역시 유창해졌다. 우아하게 노래하고 춤추기, 악기 연주 등으로 지체 높은 레이디의 매력을 발산하는 것뿐 아니라, 아버지를 닮아 스포츠를 무척 좋아했으며 승마와 사냥에도 뛰어났다.

1547년 초 헨리 8세의 죽음으로 남동생 에드워드가 왕좌에 오르자, 13세의 엘리자베스는 아버지의 마지막 아내이자 헨리와 두 딸들을 화해시키는 데 큰 역할을 했던 캐서린 파의 보살핌을 받았다. 캐서린은 얼마 가지 않아 경솔하긴 하지만 악마적이라 할 만큼 미남이었던 잉글랜드의 제독 토머스 시모어 경과 결혼했다. 그런데 정작 그는 자신의 아내보다 왕실의 피를 이어받은 의붓딸에게 더 관심이 있는 것처럼 보였다. 그는 잠옷차림으로 엘리자베스의 침실로 몰래 들어가서는 그녀와 깡충깡충 뛰며 장난질을 해서 그녀의 여자 가정교사로부터 "남자가 다리를 훤하게 드러내고 숙녀의 방에 들어오는 건 점잖지 못한 짓"이라는 원성을 듣곤 했다. 엘리자베스는 또 다른 집으로 보내졌지만, 문제는 여기서 끝나지 않았다. 1548년 캐서린 파가 출산 후유증으로 죽자 시모어는 엘리자베스에게 다시 달려들었는데, 이번엔 청혼이라도 할 듯한 태세였다. 그녀에 대한 그의 열정은 단순한 개인적인 감정 이상이었다.

그는 왕권의 상속자와 결혼해서 어린 왕 에드워드의 섭정관이었던 자신의 친형(서머싯 공을 말한다─옮긴이)과 겨룰 만한 권력을 얻고 싶었던 것이다. 하지만 그 계획은 사전에 발각되었고, 그는 반역죄로 1549년 참수대로 향했다. 그가 처형당하기 전, 엘리자베스는 오랫동안 지루한 심문을 받았다. 그녀는 모반 계획에 대해선 전혀 아는 것이 없다고 주장했으며, 그녀가 "시모어의 아기를 임신했다"는 수치스러운 모략을 비난했다. 시모어로 말미암아 위험인물이 되어버렸던 이 사건과 불운한 운명의 어머니에 대한 기억은 훗날 그녀가 청혼자들이 접근해올 때 늘 긴장과 경계를 풀지 않도록 만드는 이유로 작용했다. 아무튼 엘리자베스가 시모어 같은 남자를 좋아했던 것만은 분명한 사실이었다. 평생을 통해 그녀는 궁정에서 시모어와 비슷한 성격의 소유자, 즉 모험을 좋아하고, 여자에게 상냥하며, 때로는 음흉한 야심을 품은 남자들을 좋아했던 성향을 종종 보여주었다.

그 다음 몇 해는 엘리자베스에게는 상대적으로 조용한 세월이었다. 그녀는 에드워드 6세의 프로테스탄트 신념을 공유하는 듯 보였으며, 겸손하게 행동하고 소박한 옷을 입었다(이것으로 그녀는 카톨릭 및 카톨릭의 화려한 예복과 의식을 거부하는 사람들로부터 동정을 얻었다). 검소한 드레스는 또한 시모어와 관련된 소문들을 누르고 정숙한 여인임을 나타내려는 의도도 있었을 것이다.

이러한 그녀에게 에드워드는 "다정하고 절제하는 누이"라고 부르며, 그녀를 궁정으로 호위할 200명의 기병들을 보내주었다. 한 카톨릭 대사는 이 장면을 보고 볼멘소리로 "그녀는 새로운 종교를 껴안음으로써 지나치게 많은 영광을 가진 대단한 레이디가 되었다"라고 말했다.

"여기, 이젠 죄수의 신분이 되었으나,
여전히 참된 신하가 이 계단을 밟았습니다."

하지만 그녀의 지위는 여기서 끝나지 않았다. 1533년 에드워드는 헨리의 뜻을 거스르고 프로테스탄트 사촌인 레이디 제인 그레이를 자신의 상속자로 지명하고 죽었다. 하지만 그후 엘리자베스의 언니이자 탐욕스런 카톨릭 교도인 메리가 제인 그레이를 몰아내고 왕위를 주장했다. 그리고 여왕이 된 메리는 유행에 뒤처진 드레스를 입은 동생에게 지위에 맞는 아름다운 옷과 보석들을 보내주었다.

엘리자베스는 메리를 기쁘게 하려고 이번엔 카톨릭 교육을 받겠다고 했다. 하지만 이러한 노력도 1544년 초 메리가 외국인이자 카톨릭 신자인 스페인의 펠리페와 결혼을 결심했을 때 일어났던 폭동의 연루자라는 혐의에서 그녀를 보호해주지는 못했다(그때 런던 시민들은 펠리페의 사절들을 향해 눈뭉치를 던졌다). 3월, 폭동은 흐지부지 가라앉았지만, 20세의 엘리자베스는 거룻배에 실려 반역자들을 가둬놓는 런던 탑으로 이송되었다. 기록에 따르면 그녀는 템스 강변에서 발을 멈추고 이렇게 말했다고 한다. "여기, 이젠 죄수의 신분이 되었으나, 여전히 참된 신하가 이 계단을 밟았습니다. 오 하나님, 당신 앞에 말하노니, 이곳에 친구라고는 오직 당신뿐입니다." 그녀는 무릎을 꿇었다. 그러자 이 장면을 지켜보던 간수 하나가 "하나님이시여, 공주님을 지켜주소서!"라고 외쳤다.

간수들이 엘리자베스에게 지나치게 친절하다고 판단한 런던 탑의 관리관(그는 엄격한 카톨릭 신자였다)은 그녀의 감옥으로 들어가던 특별사식과 그녀가 시녀들과 함께 탑 위의 흉벽을 따라 걷는 잦은 산책 등의 특권을 줄였다. 그사이 엘리자베스는 엄청난 곤경에 처해 있었다. 실패로 끝난 반란의 주동자 토머스 와이엇은 고문을 받고 있었다. 그는 끝까지 엘리자베스의 이름을 끌어들이지 않다가 4월에 처형당했다. 또 궁정에서는 한 명 이상의 외국사절이 메리에게 어서 동생을 참수하라고 조언하고 있었다.

엘리자베스는 18년 전 런던 탑에서 죽은 어머니처럼 자신도 똑같은 운명에 처해질 것을 두려워했다. 5월, 궁정에서 무장한 남자들이 런던 탑에 도착했을 때, 그녀는 이제 처형이 임박했다고 믿었다. 하지만

옥스퍼드셔에 있는 장원으로 옮겨져 가택연금에 들어간 다음 1년 후부터는 자유를 되찾을 것이라는 소리가 들려왔다. 또한 그녀가 옥스퍼드셔로 향할 때 수많은 교회 종소리가 울려퍼졌으며, 군중들은 환호하며 그녀에게 케이크와 사탕과자들을 던졌다.

이 모든 것이 엘리자베스에게는 '생존의 기술'을 가르친 교육장이 되었다. 그녀는 여왕이 통치하는 나라에서 인기 있는 다른 계승자가 있다는 것이 얼마나 위험한 일인가를 배웠다. 그가 음모를 조

엘리자베스 여왕이 가장 신임했던 조언자이자 그녀의 통치 초기 국무장관이었던 윌리엄 세실의 초상. 재무대신을 상징하는 지팡이를 들고 있는 것으로 보아 귀족 벌리 남작이 된 이후의 모습일 것이다. 여왕은 또한 그에게 가터 기사 작위도 주었다. 화려한 붉은색 관복과 왼쪽 상단에 보이는 푸른색 훈장은 가터 기사임을 나타내는 상징이다.

장하든 그렇지 않든 간에 위협 대상인 것이다. 그녀는 필요하다면 진실도 잘라내야 하며, 그리고 압박을 받을 때는 반대자들에게 용감히 맞서서 흔들림 없이 자신을 지켜내야 한다는 사실을 배웠다. 그녀는 일반 국민들의 지지, 그녀가 역경에 처했을 때에도 변함없이 사랑해주었던 국민들의 지지야말로 더없이 소중하다는 사실 역시 깨달았다. 그리고 군주의 총애를 받기 위해서라면 신념을 서슴없이 내던지는 조신들을 절대로 믿어선 안 된다는 사실도 배웠다.

1558년 11월, 조신들은 런던의 세인트 제임스 궁의 침상에 홀로 누워 죽어가고 있던 메리 여왕을 내팽개치고, 다음 계승자인 엘리자베스에게 존경심을 보이기 위해 말과 마차를 타고 수km나 떨어져 있던 햇필드로 다급하게 달려왔다. 그들이 보여준 꼴사나운 모습을 엘리자베스는 죽는 날까지 한 순간도 잊지 않았다. 그녀는 언니 메리가 신실치 못한 추종자들에 의해 심장이 멎기 훨씬 전에 "산 채로 매장되었다"고 말하곤 했다.

엘리자베스의 권력 승인에서부터 정교한 준비과정이 필요한 화려한 그녀의 대관식 날까지는 2개월 가까운 기간이 남아 있었다. 그동안 그녀는 깊이 숙고할 문제가 있었다. 언니가 그녀에게 물려준 왕국은 혼란 상태에 빠져 있었다. 교황권 아래 잉글랜드를 정신적으로 재통일시키겠다고 펼쳤던 메리의 이단 처벌법은 오히려 카톨릭과 프로테스탄트 사이의 골을 더욱 깊게 만들어 놓았을 뿐이었다. 더구나 메리의 남편 펠리페는 잉글랜드 국민들에게 인기가 없었으며, 아내를 꾀어 불리한 조건에서 프랑스와 전쟁을 벌이게 부추겼다. 결국 잉글랜드는 영국해협 건너편에 유일하게 남아 있던 발판인 칼레를 잃었으며, 그 이전 헨리 왕의 군사행동으로 이미 바닥을 보이기 시작했던 왕실 재정은 완전히 고갈되고 말았다. 당시 덕망 있는 어느 정치가는 메리의 승계자가 직면한 어두운 상황을 이렇게 표현했다. "가련한 여왕이여! 왕국은 지쳤고, 국민들은 질서를 잃었도다."

　엘리자베스가 질서회복을 위해 내디딘 첫걸음은 올바른 조언을 아끼지 않으며 잉글랜드의 국정을 책임질 신망 있는 추밀원을 임명하는 일이었다. 그녀는 38세의 윌리엄 세실을 국무장관이자 추밀원장으로 선택했다. 그는 이전부터 법률·정치·외교 분야에서 탁월한 실력을 발휘하고, 또한 분별력과 신중함을 갖춘 대신으로 유명했다. 하지만 그 역시 경솔했던 시절이 있었다. 좋은 가문의 젠틀맨 출신이었던 그는(귀족은 아니지만 궁정에서 출세하겠다는 야심을 품을 수 있는 지위였다) 젊은 시절, 어머니가 포도주상을 하는 평범한 처녀와 결혼함으로써 아버지를 화나게 했고 이로 인해 케임브리지 대학을 그만두게 되었다. 자신의 이런 경솔한 행동에 반성한 듯 그는 런던에서 법률 공부를 계속해 스스로에 대한 기대치를 조금씩 높여나갔으며, 결국 하원의원으로 선출되었다. 그는 첫 부인이 죽자 에드워드 왕의 궁정에서 주가를 올리고 있던 궁정인의 지적인 딸을 둘째 부인으로 맞아들였다. 이때 에드워드 왕이 그를 궁정으로 불러들였다. 프로테스탄트인 그가 메리 여왕의 치세 때 살아남을 수 있었던 것은 묵주를 걸치고 단순한 외교 임무들을 수행했기 때문이었다.

　이러한 그의 실용주의는 엘리자베스 여왕에게도 사랑을 받았다. 종교분쟁을 피하길 원했던 여왕은 영국 국교회와 카톨릭, 그리고 훗날 퓨리턴으로 알려진 극단적인 프로테스탄트들 사이에서 중도를 이끌어갈 수 있는 신하가 필요했다. 또한 그녀는 잉글랜드가 보다 강해지기 전까지는 다른 나라와의 갈등도 피하길 원했다. 세실은 종교와 외교 모두에서 엘리자베스의 의도에 잘 봉사했지만, 그렇다고 언제나 여왕에게 동의하지는 않았다. 그녀도 그를 임명하는 자리에서 "나의 개인적 의견에 대한 맹목적 순종보다 그대는 그대가 최상이라고 생각하는 조언을 해주어야 할 것이다"라고 자기 신념을 표현했다. 세월이 흐르면서 그는 그 말대로 실행했으며, 그 과정에서 때로는 여왕을 화나게 만들기도 했다. 여왕은 결혼이나 왕위 계승권 같은 민감한 문제에는 화를 내며 세실을 비난했다. 하지만 그후에는 그가 고통을 당했던 만큼의 대가를 지위로 보상해주었다. 그리고 나중엔 그를 귀족인 벌리 남작으로 만들어주었다.

이런 식의 보상 외에 추밀원들은 다른 감사의 방법을 기대하기 힘들었다. 만약 어떤 정책이 성공한다면 그 명예는 당연히 군주에게 돌려야 했고, 반대로 정책이 실패한다면 그 비난과 책임은 고문관들 차지가 되었다. 엘리자베스는 언니인 메리 여왕이 '왕은 무오류한 존재'라는 왕실의 권위를 박탈당하는 모습을 지켜보았고, 그래서 결코 언니와 같은 운명에 처하는 일이 없도록 할 결심이었다. 그녀는 고문관들과 협력해서 잉글랜드에 질서를 회복하는 한편, 국민들을 사랑하고 국민들의 사랑을 다시 얻기 위해 자신이 할 수 있는 모든 일을 해낼 생각이었다.

엘리자베스와 그녀의 백성들 사이의 관계는 그녀의 계승이 선언되자마자 분명히 나타났다. 런던의 교회들마다 종을 크게 울리며 열광의 불협화음을 만들어냈고, 밤에는 천 개의 화톳불이 밤하늘을 대낮처럼 환하게 비추었다. 엘리자베스는 말을 타고 도시를 가로지르거나, 금박 장식을 한 여왕의 바지선에 올라 템스 강을 미끄러지듯 가르며 이러한 열기에 부응했다. 한 연대기 작가는 이렇게 쓰고 있다. "만약 타고난 재능이나 스타일로 백성들의 마음을 사로잡는 사람이 있다면 바로 이 여왕이다."

그렇다고 잉글랜드 전체가 기쁨에 취해 있지는 않았다. 카톨릭이 우세했던 북부에서는 여왕의 프로테스탄트적 성향을 두려워하는 사람들이 많았다. 하지만 그녀는 불평을 품은 그 지역들을 방문할 시간도 없었고 그럴 생각도 없었다. 지금은 사랑하는 대신들을 런던 안으로 또는 런던 주변으로 모으는 일이 중요했다. 축제 분위기는 궁정 천문학자인 존 디가 길일로 선택한 1559년 1월 15일 대관식 날에 절정을 이루었다. 이 날짜의 천궁도가 좋았을지는 모르지만, 대규모 행사 전야의 런던의 하늘에는 불길한 기운이 흐르고 있었다.

일요일, 왕관을 받게 될 웨스트민스터 대수도원으로 향하는 여왕의 대관식 행렬 위로 눈발이 떨어지고 있었던 것이다. 그럼에도 런던은 마치 엘리자베스의 몸에서 나는 광채에 의해 잠에서 깨어나기라도 한 듯 활기차게 움직이고 있었다. 도시의 대로변 양편에 세워둔 목재 난간에는 태피스트리와 벨벳 천들이 길게 늘어졌고, 주택의 2층 창문들마다 밝은 색의 기들이 펄럭거렸다.

웨스트민스터로 이어지는 길목 여기저기 나무로 된 무대들 위에서 새 여왕과 그녀의 프로텐스탄트 신앙의 미덕을 은유적으로 보여주는 '패전트(실내나 야외에서 대규모로 펼쳐지는 화려한 연극이나 행렬－옮긴이)' 공연이 펼쳐지고 있었다. 이러한 패전트의 주제들은 먼저 '통일'과 '화합'이었다(이것은 앤 불린을 포함한 튜더 왕조 선조들의 모습들로 형상화했다). 여기에 '시간'과 시간의 딸 '진실(엘리자베스에게 영어 성서를 선물하는 모습)'과, 성서의 인물 드보라('이스라엘의 판관이자 복원자'이며 권위를 행사한 유명한 여인의 본보기)에 대해서도 다루어졌다. 음악가들과 매력 넘치는 젊은 화자로 구성된 패전트 공연단은 엘리자베스의 행렬이 멈춰설 때 군중과 여왕을 위해 송시를 낭송했다.

여왕의 모습은 눈부실 정도로 화려했다. 그녀는 가장자리에 금테를 두른 흰 담비 옷을 차려입고, 황금색으로 무늬를 넣어 짠 능라에 순백색 새틴으로 안감을 댄 가마를 타고 있었다. 그녀의 양편으로는 젠틀맨 의장병들로 구성된 여왕 근위대가 전투용 도끼를 들고 행진했다. 그녀의 바로 옆에는 잘생긴 거마 관리관 로버트 더들리가 말을 탄 채 항상 붙어다녔다. 여왕의 가마 앞뒤로 밝은 색상의 관복을 입은 조신들 수백 명이 행진했다.

엘리자베스는 사람들이 밀집해 있는 곳에는 여

엘리자베스를 태운 마차가 논서치로 향하고 있다. '잉글랜드에 이와 유사한 궁전은 다시 없다' 는 뜻을 가진 논서치는 원래 헨리 8세가 런던 남서쪽에 지었던 궁전으로, 규모는 작지만 화려한 왕실 휴식공간이었다. 특히 여왕은 승마와 사냥터로 이곳을 애용했는데, 신하들은 안뜰에서 천막을 치고 자야 했기 때문에 그다지 좋아하지 않았다.

러 번 가마를 멈추게 한 다음 국민들이 그녀에게 말을 걸도록 아량을 베풀었으며, 패전트 공연장에서는 소란스러운 군중을 조용히 만들어 모두가 낭송자의 목소리를 들을 수 있도록 배려했다. 그녀는 자신이 사랑하는 국민들을 너그럽게 감싸안았다. 누군가가 무례하게 끝없이 이야기를 늘어놓아도, 다른 사람이 그 말을 이어받아 떠들어도 끝까지 들어주었다. "선왕 헨리 8세를 기억하십시오!" 행렬 중간에서 한 남자가 소리쳤다. 그러자 엘리자베스의 얼굴에서 군중들을 따스하게 해주는 미소가 퍼졌다. 그녀는 아주 작고 사소한 행동도 예사로 보

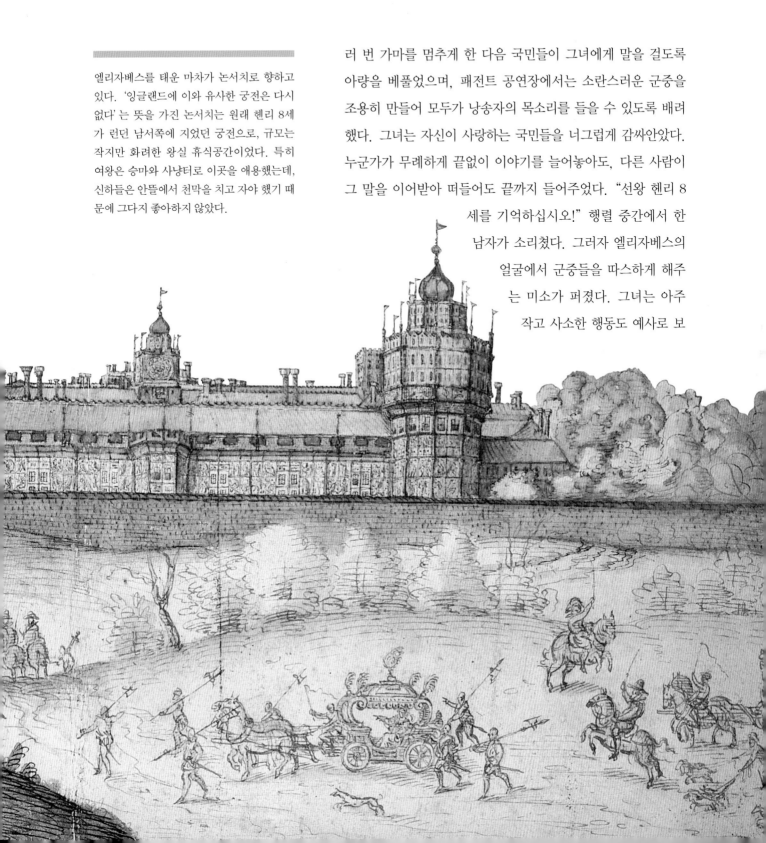

아 넘기지 않았다. 그리고 웨스트민스터 대수도원으로 향하는 그녀의 손에는 어떤 여인이 바친 로즈메리 가지가 꼭 쥐어져 있었다.

일요일 아침 엘리자베스는 화이트홀 궁에서 나와 푸른 카펫을 밟으며 웨스트민스터로 들어갔고, 십자가가 달린 보주(寶珠)와 홀을 들고 왕관을 쓴 여왕의 모습으로 열광하는 환영 인파들 앞으로 다시 나왔다. 사람들은 여왕이 지나갔던 카펫을 수천 가닥으로 조각 내어 나누어 가졌다. 외국인 참관자의 눈에는 여왕이 지나치게 군중들의 응석을 받아들이는 것처럼 보였다. 그는 "내 의견으로는 여왕은 지켜야 할 근엄과 예절의 경계선을 뛰어넘었다"라고 비아냥거렸다. 하지만 새 여왕을 칭송하기 위해 거리로 모여들었던 사람들에게 다정하고 친밀한 군주의 모습은 오히려 그녀의 위엄을 높여주고 국민들에겐 자긍심을 심어주었다.


엘리자베스의 따스함과 매력으로 한층 더 빛이 난 화려한 대관식은 그녀의 통치기간 전체의 색조를 결정했다. 그녀는 영광에 찬 화려함을 만들며 태양처럼 백성들을 비쳐주고, 그들의 충성과 헌신에 자양분을 주는 것을 군주로서 자신의 임무라고 생각했다. 그리고 그녀의 화려한 궁정만큼 그녀의 광휘가 분명한 곳은 없었다.

여왕과 그녀의 수행원들이 선택할 수 있는 궁전은 많았다. 그녀는 왕실 유산으로 물려받은 수십 채의 성을 대부분 쓰지 않고 방치했으며, 헤아릴 수 없이 많은 장원들은 대부분 빌려주었다. 대신 여왕과 왕실귀족들은 템스 강변을 따라 펼쳐진 가장 아름답고 호화로운 궁전 휴양지들을 주로 애용했는데, 계절이 바뀌거나 공적인 행사가 있을 때, 혹은 개인적인 용도에 따라 이리저리 옮겨다니며 이용했다. 여왕이 한번 움직일 때마다 수백 명에 달하는 수행원들은 그 지역의 식량을 빠르게 소비했으며 전염병의 유령들을 불러낼 정도로 많은 쓰레기를 만들어냈다. 여왕 일행이 다음 장소로 옮길 때가 되어

서야 궁전과 정원들이 깨끗하게 정돈되었으며 떨어진 물건들은 다시 채워넣어졌다.

여름이면 여왕은 고문관들과 조신들을 대동해서 지방 유력자들의 집을 차례로 방문했다. 또 가을이 되면 그녀는 화이트홀 궁에서 조회를 열었다. 템스 강변의 9만 3,000m²의 땅에 많은 문루와 회랑과 정원이 있는 이 궁전에서 여왕은 크리스마스나 새해에 선물을 하사하기도 했다. 하지만 그녀는 다른 축제가 있거나 그녀가 좋아하는 사냥을 위해선 언제든지 다른 장소로 옮겼다.

강을 따라 늘어서 있는 궁전들 중에서 가장 동쪽에는 엘리자베스가 태어난 그리니치 성이 있었다. 바다가 보이는 그곳 창문에서 여왕은 먼바다로 출항하는 배들을 향해 손을 흔들어주곤 했다. 그리니치에서 상류로 올라가면 런던 시내와 화이트홀 궁이 길게 누워 있었으며, 다시 그 너머엔 평화로운 초지와 백조와 해오라기 무리가 떠 있는 구불구불한 물길 사이로 과수원들에 둘러싸인 리치먼드 궁의 높이 솟은 탑들과 양파 모양의 돔이 보였다. 엘리자베스의 할아버지인 헨리 7세가 지었던 이곳은 부엌만 18개가 넘는 드넓은 휴식처였다. 다른 궁전들보다 외풍이 적은 이곳은 여왕의 "나의 노년을 위한 따스한 보금자리"이며, 샘에서 솟아나는 물을 관으로 연결해 신선한 물을 마실 수 있는 곳이었다. 여기서 상류로 더 거슬러올라가면 헨리 8세가 건립했던 화려한 햄프턴 궁과 윈저 성이 나타났다. 그리고 시골 여기저기에도 왕실 소유의 저택들, 예컨대 오틀랜드 궁과 헨리 8세가 사냥터로 애용했던 그의 판타지라고 할 수 있는 논서치가 여기저기 흩어져 있었다.

어느 궁전이든 정원과 안마당들, 비가 내리는 날에도 유유히 산책할 수 있는 수백 미터 길이의 회랑들, 테니스 코트와 마상 창시합장, 투계장, 곰 투기장 등 기분전환을 위한 공간이 설계되어 있었다. 여왕은 투계가 귀부인에게 적합하지 않다고 싫어했지만, 곰곯리기에는 대단히 흥미를 보였을 뿐 아니라, 쇠사슬에 묶어놓은 곰들을 상대할 사나운 마스티프 종 개들을 사육하기도 했다(국민들도 유혈이 낭자한 이런 오락을 무척 좋아했다. 퓨리턴 의원들이 곰꿇리기를 비롯한 오락을 일요일에 금지하는 법안을 올렸지만 엘리자베스가 거부해서 국민들을 기쁘게 한 적도 있었다).

"나는 구석에 숨어 살지 않는다.
수천 개의 눈이 나의 행동을 지켜보고 있다."

일단 여왕 일행이 도착하면 궁전은 여왕의 공간을 중심으로 벌집 같은 활기를 띠었다. 그중에서 가장 분주한 공간은 각종 의식을 위해 설계된 여왕의 알현실이었다. 햄프턴 궁의 알현실 '파라다이스 챔버'에는 갈색 벨벳에 다이아몬드를 박아놓은 황금 옥좌와 유리로 만든 버지널 한 대, 또 금현과 은현이 달려 있는 또 다른 버지널 등 진귀한 악기들을 모아놓은 수집장이 있었다. 좀더 은밀한 성격의 회합은 여왕의 개인 방에서 열렸다. 그보다 더 민감한 문제들은 때때로 여왕의 침실에서도 논의되었는데, 이곳은 가장 믿을 만한 측근들만이 접근할 수 있었다.

여왕이 이른 아침에 방문객들을 접견하는 일은 거의 없었다. 그녀 자신이 인정했듯이, 그녀는 '아침의 여자'가 아니었다. 그녀는 늦은 밤까지 일하고 다음날 늦게 일어났으며, 침실 창가를 홀로 서성거리다가 저 아래 잔디밭에서 들려오는 소리에 참견을 하거나 말을 걸기도 했다. 그녀는 그 시대 대부분의 사람들과 달리 몸을 씻을 기회가 아주 많았으며, 윈저 성에는 거울로 벽과 천장을 장식한 목욕실도 갖추어져 있었다. 그녀는 장미수 향수를 애용했고, 이는 칫솔과 천으로 닦은 다음에 아마도 그 시대 인기가 높았던 달콤한 향이 강한 로즈메리나 시너먼으로 입 안을 헹구었을 것이다. 통치 말년엔 그녀의 대자(代子) 존 해링턴이 혁신적인 수세식 화장실을 발명해서 그녀의 궁전 한곳에 설치했다는 기록이 남아 있다. 수세식 화장실이 없는 궁전에서는 좌석 부분에 벨벳 천을 두른 이동하기 편리한 침실용 변기로 방 안에서 용변을 보았다. 군주의 침실용 변기를 비우는 것은 전통적으로 '그룸 오브 더 스툴(Groom of the Stool)'이라는 궁내관의 소관이었지만, 엘리자베스의 경우엔 궁녀 한 명이 이 민감한 일을 맡았다.

여왕에게 옷을 입히기 위해서 시종들은 2시간 동안 매달려야 할 때도 있었다. 수백 벌의 의상 가운데서 그날그날 적합한 옷을 선정하는 일 자체가 골칫거리였다. 때로는 여왕이 단순하면서도 기품 있는 디자인의 드레스를 입을 때도 있었지만, 공식행사가 있는 날에는 대단한 노력과 시간이 들었다. 그녀는 먼저 코르셋으로 몸을 조이고, 파딩게일이라고 하는 버팀대가 들어 있는 후프 스커트를 입었다. 속옷 위에 갖가지 색상의 드레스들을 입은 다음에는 엄청나게 기다란 진주 목걸이나 다른 보석 목걸이들을 걸쳤다. 대관식을 치른 지 얼마 되지 않았을 때 그녀는 최신 유행제품인 몸에 꼭 맞는 실크 스타킹을 처음 접했다. 그녀는 그것이 매우 "아름답고 우아한 물건"이라면서 즐겨 입었다.

여왕은 결코 굼뜬 여인이 아니었다. 한 대신의 말을 빌리면, 여왕은 매일 "음악을 듣고 노래를 부르는 것 외에도 예닐곱 가지의 가야르(gaillard, 경쾌한 16세기 유럽 궁중무용 - 옮긴이)를 했다"고 한다. 가장 간단한 가야르는 짧고 경쾌하게 다섯 스텝을 뛰다가 공중으로 껑충 뛰어올라 발을 모아 부딪치는 것이었다(엘리자베스는 개인적으로 남자들의 가야르가 여자들의 그것보다 활기차다고 생각해서 남자 스텝으로 춤을 추었다고 전해진다). 그는 덧붙이길, 그녀는 하루 일과 중 많은 시간을 "서신을 읽고, 질문을 정리하고, 고문관들에게 시킬 일을 숙고하고, 대신들과 의논하는" 등의 일을 하는 데 바쳤다고 한다. 그런 다음에 "여왕은 시종들을 물리치고 학식 있는 소수의 남자들만 데리고 그늘진 정원이나 그윽한 회랑을 산책하곤 했다. 그리고 마차를 타고 사람들로 붐비는 도심을 지나 가까이 있는 작은 숲이나 들판으로 가서 사냥과 매사냥을 하곤 했다." 저녁이 되면 궁정에서는 춤과 연극 같은 여흥이 열렸고, 축제날에는 불꽃놀이가 펼쳐졌다.

아버지와 달리 엘리자베스는 가볍게 먹어 날씬한 몸매를 유지했으며, 때로는 침실에서 혼자 식사하기를 즐겼다. 그녀는 새 요리와 고운 흰 빵을 좋아했다. 서민들에게 인기가 높았던 에일 맥주는 싫어했는데, 연대기 작가는 "색이 칙칙한 맥주는 고양이도 말하게 하고 현인도 바보로 만들어버린다"라고 썼다. 대신 그녀는 맛이 더 순한 맥주를 좋아해서, 지방 순회행차를 할 때면 언제나 신선한 맥주를 준비시켰다.

엘리자베스는 한번은 분명한 목소리로 다음과 같이 말했다. "나는 구석에 숨어 살지 않는다. 수천 개의 눈이 나의 행동을 지켜보고 있다." 확실히 궁정의 많은 사람들은 존경할 만한 거리에서 그렇게 그녀를 관찰했다. 그 범위는 수많은 시종

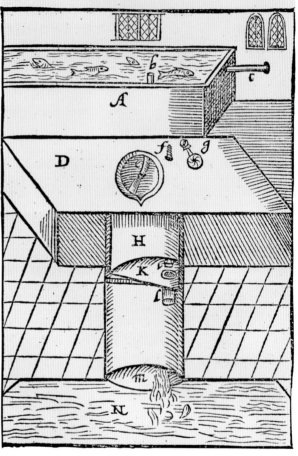

들(여왕의 시종들뿐 아니라 대신들의 시종들까지)과 궁정인들, 귀족들과 상원의원들에 이르기까지 폭넓었다. 잉글랜드 전체를 통틀어 귀족들은 60명 정도였다. 이들은 저마다 사치스러운 저택이 있었음에도(그중에는 왕궁에 버금가는 런던에 있는 궁전들도 있었다), 대부분의 귀족들은 1년 중 일정 기간은 궁정에 머물면서 관직 임명이나 이권을 찾아다녔다(여왕처럼 귀족들 또한 돈을 쓸 곳이 많았기 때

### 여왕을 위한 수세식 화장실

여왕의 대자이자 궁정의 실력자였던 존 해링턴은 1596년에 여왕을 위해 '완벽하게 은밀한 장소'를 만들어냈다. 맨 위에 수조를 설치하고, 그 아래 나무로 가장자리를 두른 좌석과 밸브 장치가 있었다. 밸브를 당기면 수조에 담겨 있던 물이 웅덩이(변기)를 거쳐 배수관으로 빠져나갔다. 해링턴은 "당신이 가장 숨기고 싶은 장소도 최고의 내실처럼 달콤한 공간으로 만들어버리도록" 설계했다고 적었다.

해링턴의 수세식 변소가 여왕의 궁전 중 한곳에 설치되었는데, 배수관을 빠져나온 오물의 다음 단계 처리시설이 미비했기 때문에, 여왕은 위생시설을 보수할 때마다 다른 궁전으로 옮겨다녀야만 했다.

문에 언제라도 부수입을 환영하는 입장이었다). 귀족보다는 낮은 계급이지만 좋은 가문의 젠틀맨들 또한 세금 공제, 토지 수여, 독과점 품목의 제조나 탄광 개발, 수입 관세 특혜 등의 은총을 받기 위해 궁정에 왔다. 은총을 갈구하는 이들은 여왕의 눈을 끌기 위해 아름다운 옷을 입었으며, 여왕에게 선물을 보냈고, 여왕이 일요일 예배를 드리러 갈 때는 엄숙한 모습으로 여왕의 축복을 기원했다.

하지만 여왕을 누구보다 잘 아는 사람들은 궁정에서 여왕의 옷 입기를 돕거나 시중을 들었던 결혼한 귀부인들과 양갓집 처녀들이었다. 엘리자베스는 예쁜 사람들을 곁에 두는 것을 좋아했는데, 이들 여왕의 젊고 매력적인 궁녀들이, 궁정을 수시로 들락거리던 용감하고 얽매일 데가 없는 미혼 남자들의 관심을 끄는 것은 당연한 일이었다. 하지만 여왕은 궁녀들에게서 날카로운 감시의 눈길을 거두지 않았다. 그녀는 구애자가 나타난 궁녀에게 상대 남자에 대해서 꼬치꼬치 캐물었으며, 만약 궁녀가 궁정을 나가겠다는 말로 반발하면 그녀를 때리기까지 했다. 임신을 하거나 여왕의 허락 없이 결혼한 궁녀는 더 고약한 일을 감수해야 했다. 여왕은 자신의 궁녀와 결혼한 남자를 감옥에 처넣기도 했다.

이렇게 그녀가 궁녀들을 엄하게 다룬 이유는 궁녀들이 모반이나 여왕에 대한 악의적인 소문을 퍼뜨릴지도 모른다는 경계심도 일부 작용했을 것이다. 자신의 안전에 대한 염려만큼이나 여왕에겐 '처녀 여왕'이라는 이미지가 중요했다.

그럼에도 만약 여왕에게 처녀성을 버리게 할 정도로 매력적인 남자가 있었다면 그 사람만은 바로 로버트 더들리였다. 거마 관리관이 된 그는 늘 여왕 가까이에 있으면서 엄청난 이권을 챙기고 있었다. 그는 승마술과 말 사육, 기사도의 전통 등 활기찬 취미에 능했으며, 여왕은 그의 솜씨에 극찬을 아끼지 않았다. 그는 또한 화려한 구경거리와 연극을 생각해냈으며, 재치 있는 말솜씨를 뽐냈다.

큰 키에 검은 머리카락, 검은 눈동자를 가진 더들리의 별명은 '집시'였는데, 이러한 별명이 붙은 것은 그의 용모 때문이기도 했지만, 그의 의뭉스러운 성격도 한몫 했을 것이다. 그가 궁정에서 자신의 지위를 이용해 가문의 부를 되찾으려 애쓴다는 걸 의심하는 사람은 아무도 없었다. 그의 할아버지와 아버지는 모두 반역죄로 참수당했다. 아버지 존 더들리는 죽은 에드워드 6세의 말년에 왕의 막후에서 권력자로 군림했다. 그는 먼저 로버트 더들리의 동생 길퍼드를 불운의 레이디 제인 그레이와 결혼시킨 후 그녀를 왕위에 앉혔다. 이 시도 때문에 그는 제인 그레이가 메리 여왕에게 쫓겨나자 죽음이라는 엄청난 대가를 치르고 말았다.

로버트 더들리를 비난하던 많은 사람들은, 그가 엘리자베스에게 접근하는 것은 아버지의 사악한 전통을 물려받아서이며 더들리 가문의 문장을 왕실 수준으로까지 끌어올리겠다는 야심 때문이라고 굳

여왕의 총신 로버트 더들리가 가야르를 추는 도중 엘리자베스를 공중으로 번쩍 들어올리고 있다. 가야르의 스텝은 너무도 활기차서 젠틀맨들은 춤을 추기 전에 칼을 치워야 했다. 여왕은 더들리의 화려한 말솜씨와 능숙한 외국어 실력뿐 아니라 그의 춤과 승마와 마상 창시합 기술을 높이 칭찬했다.

게 믿었다. 이상한 일은 엘리자베스가 그의 집
안에 닥쳤던 불운을 전부 알고 있으면서도 바
로 그런 이유로 그를 좋아하는 것처럼 보인다
는 사실이었다.

그녀와 더들리는 공통점이 많았다. 두 사람
은 어린 시절부터 서로 알고 지냈으며, 두 사
람 모두 한쪽 부모를 처형에 의해 잃었고, 그
리고 같은 시기에 런던 탑에 갇힌 적이 있었다.
더들리도 아버지와 똑같이 사형당할 뻔했지만,
메리 여왕이 그를 사면하고 프랑스와의 전쟁에
참전하게 함으로써 가문을 복원시킬 길을 터주
었다. 날카로운 판단력을 지녔던 엘리자베스는
자신을 향한 더들리의 충성이 반드시 순수하지
만은 않다는 사실을 분명히 인식하고 있었다.
물론 모두가 여왕에게 바라는 게 있었다. 하지
만 그녀의 거마 관리관만큼 그녀를 기쁘게 할
만한 사람은 없었다.

엘리자베스가 보기에 더들리의 넘치는 기백과 자신감, 그리고 야심에
찬 태도는 청혼자들, 즉 다양한 외국인 왕족들과 극명하게 대비되었다.
한마디로 그들의 정성과 노력이 부족한 것처럼 보였다. 그들은 사절을 통
해 여왕에게 접근했는데, 그 사절들은 혼례안의 사소한 용어 문제로 여왕
의 고문관들과 말다툼을 벌이곤 했다. 예를 들어, 나중에 스웨덴의 에리
크 14세가 될 왕자는 자신의 형제까지 런던으로 보내 청혼했다. 그 사절
은 런던의 빈민들에게 동전을 나누어주고, 엘리자베스를 향한 에리크의
애정을 표시하기 위해 자기 하인의 겉옷을 창으로 꿰뚫어 그 증표로 삼는

등 강한 인상을 남겼다. 그러나 에리크 왕자가 직접 런던을 방문한 일은 결코 없었으며, 결국 이 혼담은 없었던 일이 되고 말았다. 엘리자베스는 자신이 외국인과 결혼할 경우 외교상으로 얻는 것보다 위험이 더 많다고 보았다. 그리고 개인적으로도 외국인보다는 잉글랜드 사람을, 그리고 대리인을 통해 구애하는 남자보다는 스스로 행동하는 남자를 더 좋아하는 것처럼 보였다.

더들리는 구애자가 되기엔 한 가지 결정적인 결함이 있었다. 그는 유부남이었다. 하지만 그의 아내는 병상에 누워 있는 상태였기 때문에, 많은 사람들은 그녀가 죽으면 더들리의 행보를 가로막던 마지막 장애물도 사라질 것임을 걱정했다. 여왕은 재위 초기부터 더들리에 대한 애정을 숨기려 하지 않았다. 많은 시간을 그와 함께 승마를 하며 보냈으며, 두 사람만의 소풍의 짜릿함을 배가시키기 위해 더 빠른 말들을 구해오라고 그를 아일랜드로 보낸 적도 있었다. 더들리는 이렇게 썼다. "나는 그 말들이 무척 두렵다. 하지만 여왕은 그것들을 타볼 것이다."

대관식이 있은 지 몇 달 후, 스페인 대사는 여왕이 "밤낮으로 더들리의 침실을 방문한다"는 소문을 들었다. 더구나 여왕은 만성적인 심장병을 앓고 있는 더들리의 아내가 어서 죽어 로버트 경과 결혼할 날만을 손꼽아 기다린다는 소문도 들려왔다. 여왕의 외국인 청혼자 중 한 사람이었던 오스트리아의 카를 대공의 사절은 여왕의 정절에 대해서 조사할 필요를 느꼈다. 소문으로는 그녀의 처녀성이 아직 더럽혀지지 않았다고 했다. 사실 엘리자베스가 더들리와 단둘이서만 있었던 적은 거의 없었다.

시간이 흐르면서 더들리에 대한 여왕의 총애는 더욱 깊어졌고, 그에 따라 윌리엄 세실의 불안은 더욱 커져갔다. 세실은 여왕이 외국인과 결혼해주기를 희망했으며, 더들리를 위험천만한 경쟁자로 여기고 있었다. 새로 부임한 스페인 대사와 이야기를 나누는 자리에서 세실은 더들리의 아내가 독살의 공포를 안은 채 살아가고 있다고 주장함으로써 더들리를 잠재적인 살인마로 매도했다. 우연의 일치였는지, 1560년 9월 8일 더들리의 아내는 옥스퍼드셔에 있는 집 계단 아래에서 목이 부러진 채 죽은 모습으로 발견되었다.

조사 결과 그 죽음은 사고로 판명이 났지만, 비판자들은 여전히 더들리에게 어느 정도의 책임이 있다고 믿고 싶어했다. 이 스캔들은 어느 때보다도 더들리에게 불리한 듯 보였다. 하지만 엘리자베스는 여전히 그를 좋아했으며, 그 역시 여왕에게 접근하는 노력을 그만두지 않았다.

여름이 찾아왔고, 그는 황금색 쿠션들로 장식된 왕실의 바지선에 올라 템스 강에서의 수상 파티를 주관했다. 그날 밤 그는 언제나 그랬던 것처럼 보란 듯이 여왕과 농담을 주고받았는데, 이번에는 한 걸음 더 나아갔다. 그는 스페인 대사(그는 카톨릭 주교이기도 했다)가 지금 당장이라도 두 사람을 결혼시킬 수 있다고 말했다. 엘리자베스는 소리내어 웃은 다음, 그 대사가 영어를 제대로 할 수나 있는지 의심스럽다고 응수했다.

엘리자베스의 마음에 더들리가 여전히 큰 자리를 차지하고 있다는 사실은 1562년 그녀가 천연두에 걸렸을 때 분명히 드러났다. 그녀는 의식이 찾아온 순간, 자신이 죽으면 더들리를 왕국의 섭정관으로 세우고 그에게 연 2만 파운드의 어마어마한 연봉을 줄 것을 제안했다. 그리고 하나님을 증인으로 내세우며 두 사람 사이에는 그 어떤 부적절한 일도 결코 없었다고 덧붙였다. 이 제안은 그후 그녀가 회복됨으로써 무효가 되고 말았지만, 아무튼 여왕은 1564년 그에게 레스터 백작 작위를 수여했다(다른 귀족들처럼 그는 이후부터 레스터 백작으로 불린다). 여기서 한 사람의 '생각'을 빌려서 옮겨놓으면, 여왕은 공식석상에서도 그의 예복을 여며주며 다정하게 그의 목을 간질였다고 한다.

그의 신분 격상이 엘리자베스 1세가 레스터와 결혼하겠다는 생각을 조금이라도 했다는 뜻은 아니었다. 그보다는 더들리를 신경 쓰이는 종자매 메리에게 걸맞은 결혼상대로 만들어주기 위한 배려였다. 최근에 일어났던 사건들을 미루어볼 때, 만약 레스터를 메리와 결합시켜서 메리의 야심을 미리 제어하지 못한다면, 스코틀랜드의 여왕은 어느 날 잉글랜드의 왕관을 위협하는 가공할 적으로 나타날 것이 분명했던 것이다.

메리는 1560년 첫 번째 남편이었던 프랑스의 프랑수아 2세가 죽은 후 스코틀랜드로 돌아갔다. 당시 스코틀랜드는 잉글랜드의 후원을 등에 업은 프로테스탄트 귀족들이 권력을 잡고 있었다. 그들의 정신적 지도자였던 존 녹스는 메리의 종교뿐 아니라 그녀가 여성이라는 점을 들어 불신을 나타냈다. 그는 "여자는 본래 깨어지기 쉽고, 참을성이 없으며, 연약하고, 어리석은 피조물"이어서 한 왕국의 통치자가 되기엔 적합하지 않은 존재라고 주장했다(바로 그의 이러한 의견들이 엘리자베스의 미움을 사서 잉글랜드에서 추방당했다).

왕좌에 복귀한 메리는 기세등등한 프로테스탄트 귀족들 사이에서 계속 카톨릭을 고수해나갔다. 그녀는 더 나아가 최근 잉글랜드와 체결했던 평화조약에 서명하기를 거부했다. 그것은 그녀의 문장에 잉글랜드의 휘장 사용을 금지하는, 다시 말해 메리가 잉글랜드 왕권을 주장할 수 있는 권리를 금지한다는 내용이었다. 메리와 죽은 그녀의 남편 프랑수아 왕은 예전에 잉글랜드 문장이 자극적으로 장식된 도자기들을 주문한 적이 있었다.

엘리자베스는 메리가 조만간 프랑스나 스페인 왕실, 또는 카톨릭 국가의 다른 실력자와 재혼함으로써 세력을 키울 수 있다는 사실이 두려웠다. 사실 그녀보다 9세 젊은 메리는 자신의 매력을 가꾸는 일에서나 멋진 구애자의 유혹을 받아들이는 데 전혀 거부감을 보이지 않는 여인이었다.

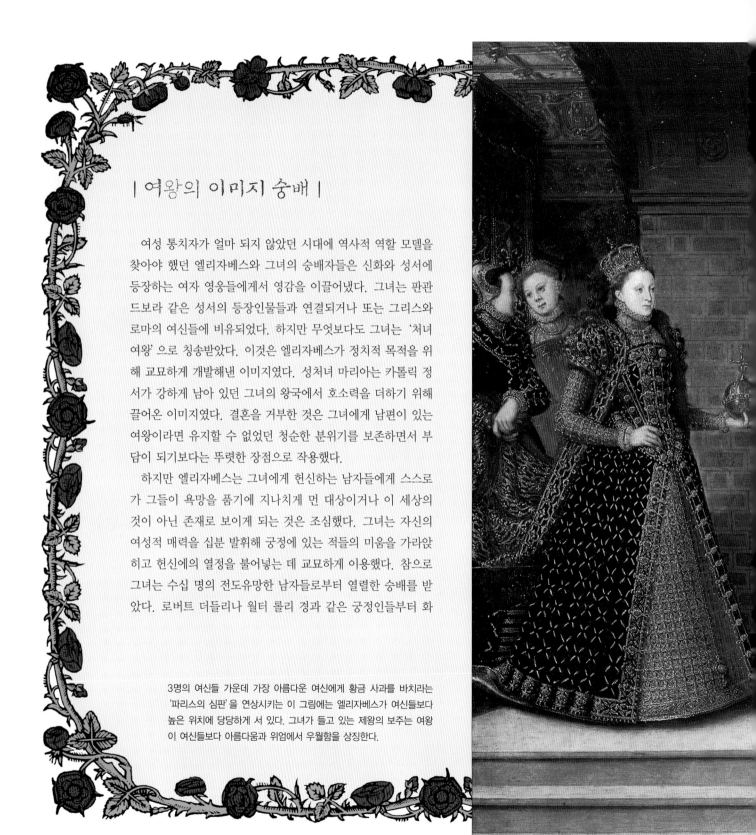

## | 여왕의 이미지 숭배 |

여성 통치자가 얼마 되지 않았던 시대에 역사적 역할 모델을 찾아야 했던 엘리자베스와 그녀의 숭배자들은 신화와 성서에 등장하는 여자 영웅들에게서 영감을 이끌어냈다. 그녀는 판관 드보라 같은 성서의 등장인물들과 연결되거나 또는 그리스와 로마의 여신들에 비유되었다. 하지만 무엇보다도 그녀는 '처녀 여왕'으로 칭송받았다. 이것은 엘리자베스가 정치적 목적을 위해 교묘하게 개발해낸 이미지였다. 성처녀 마리아는 카톨릭 정서가 강하게 남아 있던 그녀의 왕국에서 호소력을 더하기 위해 끌어온 이미지였다. 결혼을 거부한 것은 그녀에게 남편이 있는 여왕이라면 유지할 수 없었던 청순한 분위기를 보존하면서 부담이 되기보다는 뚜렷한 장점으로 작용했다.

하지만 엘리자베스는 그녀에게 헌신하는 남자들에게 스스로가 그들이 욕망을 품기에 지나치게 먼 대상이거나 이 세상의 것이 아닌 존재로 보이게 되는 것은 조심했다. 그녀는 자신의 여성적 매력을 십분 발휘해 궁정에 있는 적들의 미움을 가라앉히고 헌신에의 열정을 불어넣는 데 교묘하게 이용했다. 참으로 그녀는 수십 명의 전도유망한 남자들로부터 열렬한 숭배를 받았다. 로버트 더들리나 월터 롤리 경과 같은 궁정인들부터 화

3명의 여신들 가운데 가장 아름다운 여신에게 황금 사과를 바치라는 '파리스의 심판'을 연상시키는 이 그림에는 엘리자베스가 여신들보다 높은 위치에 당당하게 서 있다. 그녀가 들고 있는 제왕의 보주는 여왕이 여신들보다 아름다움과 위엄에서 우월함을 상징한다.

가, 작가, 극작가에 이르기까지 수많은 남자들이 말과 이미지로 그녀에게 구애했으며, 그녀를 신비화하는 데 대단한 공헌을 했다. 왕실 마상시합이나 패전트는 그들이 여왕의 사랑을 받기 위해 우열을 가리는 경합장이기도 했다.

그들은 아서 왕과 귀네비어 왕비에게 헌사를 바쳤던 전설의 원탁의 기사들을 연상시키는 기사도의 용어로 그녀를 숭배했다. 새해 첫날이나 다른 축제일에는 상징적 의미가 가득 담긴 선물들을 여왕에게 바쳤다. 그중에는 미와 순결을 상징하는 사냥의 여신 디아나의 문장인 다이아몬드로 새겨진 초승달 같은 선물도 있었다. 그들은 또한 여왕의 아름다움을 극찬하고 그녀의 기지를 시험하는 교묘하고 다의적인 암호 같은 연시로 여왕에게 존경을 나타냈다.

수많은 남자들의 그 모든 열정은 처녀 여왕의 응답을 받지 못하고 사라져갔지만, 그녀의 매력은 언제까지나 줄어들지 않았다. '순수'와 '손에 넣을 수 없음', 그녀는 숭배자들의 눈에 그러한 이미지로 언제까지나 매혹적인 존재로 남아 있었다. 그녀는 노년에도 붉은 머리칼을 날리는 젊은 여인으로 자신의 모습을 그릴 것을 주문했다. 그리고 그렇게 아첨하는 그림들이 단지 왕실의 허영심을 표현한 것은 아니었다. 잉글랜드는 그녀의 시대에 활짝 피어났고, 화가들은 그녀를 영원히 시들지 않는 꽃으로 묘사함으로써 이 밝은 약속의 시대가 영원히 이어지길 바라는 자신들의 희망을 표현했던 것이다.

70세에 가까운 엘리자베스가 세월을
초월해 아름다운 모습으로 그려진 초상화.
그림 속의 그녀는 약속의 무지개를 잡고,
머리에는 달의 여신 디아나를 상징하는
초승달 모양의 진주 왕관을 쓰고 있다.
목에 걸친 진주 목걸이는 순결을,
그리고 드레스의 팬지꽃, 양취란화,
인동덩굴 문양은 봄처럼 활짝 피어난
잉글랜드의 전성기를 상징한다.

엘리자베스가 좋아하는 흑백 패
턴의 옷을 입은 젊은 남자가 여
왕을 연상시키는 우아한 장미에
둘러싸여 있는 모습을 그린 세밀화.
수많은 숭배자들이 이러한 세밀화와
연시로 여왕에게 사랑을 고백했다.

두 여왕은 서로를 '친애하는 자매'라고 부르며 서신을 주고받았다. 엘리자베스는 메리의 장래를 염려하고, 메리는 언니의 마음에 드는 남편을 고르고 싶다고 했으며, 다시 엘리자베스는 메리를 공식적인 자신의 상속자로 인정하고 싶다는 편지가 오갔다.

엘리자베스 여왕의 입장에서는 레스터 백작이 메리의 배우자가 되어 다른 위험한 결혼 가능성을 미리 제거할 수만 있다면 더없이 마음이 놓였을 것이다. 그럼에도 레스터 본인은 그 결혼에 전혀 생각이 없었다. 그리고 스코틀랜드 여왕 또한 엘리자베스가 차버린 남자와의 결혼이 아닌 다른 계획이 있었다.

메리가 선택한 결혼상대는 엘리자베스에겐 그 이상 최악일 수 없었다. 1565년, 스코틀랜드의 여왕은 그녀의 사촌인 단리 경 헨리 스튜어트와 결혼했다. 단리도 메리처럼 튜더가의 후예였기 때문에, 이 결혼은 잉글랜드 왕관에 대한 메리의 권리에 더욱 힘을 실어주었다. 만약 둘 사이에서 아이가 태어나기만 한다면 확고한 계승자 서열에 들어갈 것이 틀림없었다.

하지만 임신한 지 얼마 되지 않아 메리는 방탕한 단리에게 흥미를 잃기 시작했다. 질투심에 사로잡힌 단리는 반항적인 프로테스탄트들과 손잡고 아내 메리의 이탈리아 출신 총신이자 절친한 친구였던 데이비드 리치오를 살해하는 음모를 꾸몄다. 세간에는 메리의 뱃속에 있는 아이의 아버지가 리치오라는 소문이 돌고 있었다. 메리는 이 소문을 잠재우려고 아이를 낳기 전에 다시 단리를 유혹했고, 그리고

남편인 프랑스의 프랑수아 2세의 죽음으로 상복을 입고 있는 스코틀랜드 여왕 메리의 초상(1560년 작, 왼쪽). 그녀는 그후 친척인 단리 경과 결혼했는데, 그도 1567년 에든버러 인근 들판에서 시종과 함께 시체로 발견되었다(위). 메리의 세 번째 남편 보스월 경은 이 사고의 배후자로 고발당했으며, 메리는 강제 퇴위된 후 잉글랜드로 도망침으로써 엘리자베스 여왕의 골칫거리가 되었다.

1566년 6월 아들 제임스를 낳았다.

엘리자베스가 그리니치 궁에서 춤추고 있을 때, 세실이 스코틀랜드의 여왕이 상속자를 출산했다는 소식을 들고 왔다. 기록에 따르면, 여왕은 의자에 털썩 주저앉아 손으로 머리를 감싸고는 비탄에 젖은 목소리로 시종들에게 "스코틀랜드의 여왕은 아름다운 아들을 낳은 불꽃인데, 나는 그저 불모의 줄기일 뿐이다"라고 탄식했다고 한다. 그렇지만 이런 소식도 여왕으로 하여금 직접 상속자를 낳겠다는 노력을 이끌어내지는 못했다. 그해 가을, 의회가 다시 계승권 문제로 압박을 가해올 때도 그녀는 남편을 맞아들이거나 계승자를 지명하는 것은 왕국에 불안을 야기하며 자신의 권한을 떨어뜨릴 뿐임을 확신하고 있었다. 11월, 60명의 의원들을 앞에 놓고 같은 문제에 대해 논의할 때, 그녀는 처녀 여왕으로서의 자신의 의지를 재차 확인하는 것처럼 보였다. 여왕을 잘 알고 있었던 사람들은 언젠가 그녀가 처녀 여왕 역할을 포기하리라고 생각했다.

그사이 메리와 단리의 관계는 멀어지고 있었다. 곧 메리의 애정이 이번엔 해군 제독 보스월 백작에게로 옮겨갔다는 소문이 돌기 시작했다. 그리고 1567년 2월, 단리는 에든버러에 있는 자신의 영지에서 폭발로 몸이 갈기갈기 찢겨진 주검으로 발견되었다. 세상은 메리의 세 번째 남편 보스월이 단리를 죽였다고 생각하려 했고, 보스월은 여왕의 명성에 손상을 입혔다. 여왕의 적들이 들고일어나서 보스월을 국외로 추방시키고, 메리를 로크 리븐 호수에 있는 성에 가두었다. 그들은 메리를 강제 퇴위시킨 후, 그녀의 어린 아들에게 스코틀랜드 왕관을 씌우고 프로테스탄트 후견인을 붙여두었다.

엘리자베스에게는 불행하게도, 메리는 1568년 그녀를 짝사랑한 한 남자의 도움을 받아 리븐 호수를 탈출해서 잉글랜드에 도착했다. 엘리자베스는 딜레마에 봉착했다. 비록 메리가 반항적인 카톨릭 교도들을 결합시킬 만한 위험스런 라이벌이긴 했지만, 일가붙이이자 동료 여왕을 거칠게 대할 수는 없는 노릇이었다. 메리에겐 법을 유연하게 적용해서 가택연금을 시켰다. 하지만 그것은 군주의 지위를 감안해 약간의 편안함이 주어졌을 뿐 자유는 전혀 없는 사실상 감금이나 마찬가지였다. 메리를 감시하는 임무는 슈루즈버리 백작에게 돌아갔는데, 평소 남편에게 불만이 많았던 그의 아내는 훗날 남편과 메리가 아주 가까운 사이였다고 비난하게 된다. 여기서 사실을 밝히자면, 슈루즈버리는 드센 아내만큼이나(그녀는 훗날 그의 영지에 화려한 저택을 지은 '하드위크의 베스'로 불려지게 된다) 메리에게도 관심이 없었으며, 이 '두 악녀들'로부터 해방될 날이 오기만을 고대했던 피곤에 지친 남자였다.

만약 메리 때문에 미칠 만한 사람이 있었다면 바로 엘리자베스였다. 메리는 공식적으로는 죄수 신분이었지만, 그녀는 감금된 장소를 훌쩍 뛰어넘어 저 멀리까지도 강력한 영향력을 행사하고 있었다. 그녀는 곧 엘리자베스의 장기집권 시대에서 최악의 국내 문제에 불을 붙일 도화선이 될 터였다.


반란의 씨앗들은 북쪽에서 뿌려졌다. 그곳은 런던에서 멀리 떨어져 있으며 궁정의 입김이 미치지 않은, 거친 고장에서 전통을 고수하며 왕실의 간섭에 분개하던 귀족들이 지배하던 땅이었다. 물론 북부 영주 중에도 슈루즈버리 백작처럼 엘리자베스와 타협한 귀족들도 있었지만, 대부분의 귀족들은 자신들의 권한을 축소시키고 카톨릭 신앙을 위협하는 여왕과 여왕의 정책에 대해 큰 증오심을 가지고 있었다. 그들은 남부의 부유한 영주들이 부지런히 세우는 유리로 만들어진 번쩍거리는 르네상스풍의 궁전이 아니라 척박한 시골 풍경 속에서 도전의 씨앗을 품고 있는 듯한 엄격한 중세의 성에서 살고 있었다.

이러한 견고한 전통주의자들 가운데 가장 눈에 띄는 인물은 노섬벌랜드 백작 토머스 퍼시(그의 부친은 헨리 8세에 대항한 카톨릭 반동을 지원한 죄로 처형당했다)와 웨스트멀랜드 백작 찰스 네빌이었다. 그들은 자신들의 신앙이 위협받고 있으며, 자신들의 권리로 믿고 있던 직책을 프로테스탄트 침입자들과 이 앙숙의 지역에 함께 살고 있는 지방의 적들에게 빼앗기고 있다는 피해의식에 젖어 있었다.

1569년, 노섬벌랜드와 웨스트멀랜드는 메리를 구해내어 엘리자베스 대신 여왕으로 세우는 반란의 주모자로 나섰다. 이들의 또 다른 동맹자 레오나드 다크레는 런던 주재 스페인 대사를 만나 스페인이 메리를 위해 군사지원만 해준다면 카톨릭 교도 1만 5,000명을 모으겠다고 말했다. 카톨릭 국가인 스페인은 이제 카톨릭과 프로테스탄트 사이의 격렬한 분쟁에 빠져 있던 프랑스보다 엘리자베스 정권에 더 큰 위협적인 존재가 되어 있었다. 하지만 스페인은 이 계획이 실제로 어디까지 실현될지 사태를 관망하며 기다렸다.

큰소리를 치기는 했지만 모반자들이 실제로 그만한 군대를 모을 자신은 없었을 것이다. 비록 웨스트멀랜드가 왕실에 버금가는 소작인들을 거느린 대영주였지만, 여왕의 군대와 맞붙어 이기기 위해서는 그와 노섬벌랜드는 다른 강력한 영주들의 지원과 자기 시종들의 도움을 받아야만 했다. 무엇보다도 잉글랜드 최고의 세력가인 노퍽 공 토머스 하워드의 지원이 절실했다. 노퍽은 잉글랜드의 귀족 중에서 가장 신분이 높은 유일한 공작일 뿐 아니라, 왕국에서 가장 부유한 사람이었다. 그는 왕실의 통제를 받지 않는 중세의 마지막 자유구역인 약 1,550km²의 땅과 화려한 저택들을 여러 채 가진 어마어마한 부자였다. 노퍽 지역구에 있는 케닝홀 궁과 노리치 시에 있는 또 다른 궁에는 테니스 코트와 볼링 시설과 극장까지 구비되어 있었으며, 런던 월 근처에도 웅장한 저택이 있었다. 그가 런던으로 여행할 때면 500명의 소작인들이 모여들어 그가 말에 오르는 모습을 지켜보곤 했다. 따라서 노퍽이라면 자신의 소작인들만으로 1,200명 이상의 군대를 만들어낼 수 있었다.

하지만 노퍽 공이 과연 왕권을 위협하는 모반에 합세할 마음이 있을까? 노섬벌랜드와 웨스트멀랜드는 멀리 떨어진 지역에서 살고 있었지만, 노퍽의 영역은 런던 북동쪽에서 겨우 160km 떨어져 있었다. 또 그와 그의 소작인들 대다수는 마음속으로는 카톨릭 교도일지 모르지만 엘리자베스가 좋아하는 온건한 프로테스탄트주의를 표방하고 있었다. 노퍽이 비록 다른 귀족들과 어울려 계승자 지명을 요구해서 여왕으로부터 비난받기도 했지만, 여왕은 항상 그의 지위와 의견을 존중해주었다.

그러나 그는 오만했으며 불안해했다. 세실처럼 상대적으로 낮은 가문의 남자가 자신보다 여왕에게 더 큰 영향력을 행사하고 있다는 사실이 불쾌했다. 그의 야심을 충족시킬 수 있는 것은 아마도 왕관뿐이었을 것이다. 30대 초반 홀몸이 된 그는 매력 넘치는 스코틀랜드 여왕과의 결혼을 생각해보았다. 결코 그녀를 숭배해서가 아니었다(그는 메리의 행동거지에 몸서리난다고 말했다). 그는 자신을 왕에 적합한 인물로 생각했으며, 아직 스코틀랜드의 왕권을 주장할 수 있는데다가 또 언젠가는(그의 강력한 보호를 받는다면) 잉글랜드의 통치권도 주장할 수 있는 여인의 배우자로 적합하다고 여겼기 때문이었다.

| 하드위크 홀의 베스 |

'하드위크의 베스'는 이 그림에서 자신의 부에 어울리는 우아하고 기품 있는 모습으로 그려져 있다. 그녀는 평민 출신으로 출발해 귀족 반열에 올라선 후 엘리자베스 시대 잉글랜드에서 가장 큰 저택인 하드위크 홀의 건축을 감독함으로써 자신의 파란만장한 이력을 마무리했다.

슈루즈버리 백작의 부인 엘리자베스는 훗날 그녀가 더비셔에 지은 대저택의 명성 덕분에 '하드위크의 베스'로 더 잘 알려져 있다. 그녀는 1527년 하급 젠틀맨 가문에서 태어났지만 4명의 남편을 거치며 80년을 사는 동안 잉글랜드에서 여왕 다음으로 부유한 여인이 되었다. 1567년 슈루즈버리 백작과 결혼할 즈음에 그녀는 이미 3명의 전남편들로부터 점진적으로 부를 축적하고, 또 뛰어난 상황 판단력과 약삭빠름, 비상한 수완과 오만함으로 엄청난 거물이 되어 있었다. 백작도 부인 못지않은 무서운 성격이었다. 백작이 스코틀랜드 여왕 메리의 감시 임무를 맡으면서부터 이 부부 사이는 눈에 띄게 틀어지기 시작하더니 급기야 서로를 원수로 여겼다.

1583년 베스는 남편이 메리 여왕과 '관계'를 가졌다는 야비한 소문을 퍼뜨리기에 이르렀다. 엘리자베스 여왕이 직접 나서서 슈루즈버리 부부를 화해시키려고 했지만 성공하지 못했다. 베스는 백작과 별거하고 어린 시절 자랐던 하드위크의 작은 장원으로 돌아갔다. 1590년 남편은 그녀에게 막대한 유산과 함께 그녀가 '평생 꿈에 그리던 집 하드위크 홀'을 만들어도 좋다고 허락하고 죽었다.

베스는 다른 대저택들을 설계했던 로버트 스미스슨의 도움을 받았다. 그들은 하드위크 홀에 엘리자베스 시대 잉글랜드인이 느꼈던 자긍심을 고스란히 담아낼 생각이었다. 장미전쟁은 끝났고 그후의 평화와 번영은 '위대한 재건축'으로 알

화려한 태피스트리들과 그림들로
장식된 하드위크 홀의 회랑.
길이가 50m에 이르는 이 회랑은
여주인과 그녀의 가족, 그리고 손님들을
위한 회합실과 거실로 사용되었다.

베스와 그녀의 지체 높은 친구들은
자수를 놓아 벽걸이, 쿠션 덮개, 의자 덮개
등의 작품을 만들었다. 가운데 수놓인
ES는 '슈루즈버리의 엘리자베스'의 약자이다.

려지게 될 한 시대를 만들어가고 있는 중이었다. 예전에는 방어를 목적으로 집을 지었지만, 이제 부자들은 오래 된 성채들과는 다른 우아하고 쾌적한 저택을 선호했다. 해자는 더 이상 필요 없었으며, 그 옛날 방어목적 때문에 좁게 만들 수밖에 없었던 창문들은 이젠 마음대로 달 수 있어서, 하드위크 홀의 경우 '벽보다 유리가 더 많은 저택'이라는 이야기를 들을 정도였다.

이러한 창문들은 '집은 사회질서의 거울'이라는 그 시대의 믿음을 반영해 완벽한 대칭을 이루어 배치되었다. 실제로 어떤 창문들은 2층 높이로 길게 이어졌으며, 굴뚝들이 보여야 할 자리에 위장 창문들이 달려 있기도 했다(작은 연관(煙管)들을 벽 내부에 들이고 외벽에 창문들을 달았다). 이처럼 유리를 너무 많이 썼기 때문에 하드위크 홀은 겨울철엔 무척 추웠지만, 대신 베스와 그녀의 손님들에게 화려하고 드넓은 정원 풍경을 제공해주었다.

베스는 드넓고 화려한 궁전 같은 집을 지으면서도 건축 경비를 줄일 수 있는 모든 방법을 동원했다. 그녀는 하녀들과 함께 직접 만든 자수작품들로 장식품을 만들었으며, 웬만한 건축자재들은 자급자족해서 쓴다는 원칙을 지켰다. 돌은 자신의 채석장에서, 나무는 자기 숲에서, 유리와 철은 자기 소유의 작업장에서 생산한 것을 사용했다. 그녀는 1597년 새 저택으로 이사를 했지만, 건축작업은 1603년까지 계속되었다.

1608년 2월 13일, 80세의 베스는, 어느 예찬자의 말을 빌리면, 파란만장했던 결혼생활에서 얻어낸 쓸쓸한 유산으로 어떤 영속하는 아름다움을 만들어내고 있다는 만족감과 함께, 또 "우아한 감각과 추억이 영원하기를 축복하면서" 하드위크 홀에서 영원히 눈을 감았다.

하드위크 홀을 장식했던 호두나무 테이블.
상상의 바다동물 시독(sea dog)과
그 아래 다시 민물 거북이 떠받치고 있는
독특한 기단 디자인이 돋보이는 걸작품이다.

이러한 그의 희망 자체가 반역이랄 수는 없었다. 사실 궁정의 다른 신하들(여기엔 여왕의 총애를 받는 레스터 백작까지 포함해서)은 메리가 잉글랜드 인과 결혼하길 원했고, 또 그 최적임자로 노퍽을 염두에 두고 있었다. 신하들은 그들의 생각을 여왕이 알면 여왕은 메리를 풀어주고 그 믿을 만한 공작과의 결혼을 재가해주리라 믿었다.

하지만 엘리자베스에게는 노퍽을 과연 믿어도 좋을지 의심할 만한 이유가 있었다. 1569년 여름, 그의 계획을 눈치챈 여왕은 여러 차례 그가 직접 말할 기회를 만들어주었다. 심지어 두 사람만의 식사 자리를 마련해서 무슨 말이 나올지 알아보려 했지만 그는 발뺌했다. 결국 레스터로부터 결혼 계획 전모를 알게 된 여왕은 노퍽을 다시 만나 그 문제를 꺼내면서 계획을 포기할 것을 명령했다. 그러자 노퍽은 자신은 메리의 배우자가 될 필요가 없으며, 자신의 정기적인 세입은 스코틀랜드 전체를 합친 것과 거의 같다고 주장하면서, 또 그가 노리치에 있는 자신의 테니스 코트에 있을 때면 "그는 자신을 여느 왕들과 거의 같은 존재로 생각한다"는 말을 덧붙이며 여왕의 뜻에 복종하겠다고 맹세했다.

진실을 말하자면, 그는 여전히 메리와 결혼하기 위해 열심이었으며, 메리를 풀어주려는 노섬벌랜드와 웨스트멀랜드와 연합할 준비도 되어 있었다. 모반자들은 노퍽을 확실하게 자기 편으로 끌어들였다고 생각했다. 무엇보다 노퍽의 누이가 웨스트멀랜드의 부인인데다가 그녀도 반역을 일으킬 확고한 의지를 키우고 있었다. 하지만 공작은 그들만큼 결심이 단단하지 않았다. 시간이 갈수록 엘리자베스의 보복이 두려워졌다. 9월이 되자, 그는 체포에 대한 두려움에서 도망치듯 런던을 떠나 케닝홀로 달려갔다. 엘리자베스는 그의 이러한 행동을 반역의 시작이라고 확신하고는 젠틀맨 한 명을 케닝홀로 보내 공작에게 궁정으로 돌아오라는 명령을 전했다. 공작은 여왕의 무시무시한 소집명령을 거부하고 반항적인 백작들에게 자신의 운명을 맡길 수도 있었다. 하지만 그는 노섬벌랜드와 웨스트멀랜드에게 반란을 포기하지 않으면 자신의 머리가 잘릴 것이라는 서신을 남긴 후 여왕에게 항복했고, 곧바로 런던 탑에 갇혔다.

노퍽이 어이없이 항복하자 그의 누이 레이디 웨스트멀랜드는 기가 막혔다. 그녀는 "노퍽 공은 정말 단순한 남자다. 일을 잔뜩 벌여놓기만 하고 헤쳐나가지는 못하니!"라고 화를 냈다. 그후 긴박감이 흐르는 몇 주일 사이, 그녀는 흔들리는 남편과 똑같이 불안에 떨고 있는 노섬벌랜드에게 마음을 다잡고 전쟁을 준비하라고 다그쳤다. 그리고 10월 말, 엘리자베스가 두 사람에게 입궁할 것을 명령했을 때는 어떤 식으로든 결단을 내려야 했다. 노퍽처럼 굴종적으로 항복할 수도 없고 살아남을 희망도 키울 수 없었던 그들은 철저하게 계획을 세웠다.

11월 9일의 밤이 깊어갔다. 으스스한 교회 종소리가 점점 사라지는 것과 때를 맞추어 봉기의 시작을 알리는 카리용(carillon, 23개 이상의 청동 종으로 구성된 악기─옮긴이) 소리가 울렸다. 다음날 반란자들은 중세의 대성당이 있는 더럼을 향해 떠났으며, 그 중간에서 지원자들로 약 4,000명의 보병과 1,000명의 기병을 모았다. 11월 14일, 그들은 아무런 제재도 받지 않고 더럼으로 들어가 성당을 장악했다. 그들은 프로테스탄트들의 성찬대를 던지고 새로운 영어 성경과 기도서들을 찢어버린 다음, 그 자리에서 라틴 어로 미사를 올렸다.

이제 그들은 남쪽으로 길을 틀어 리판으로 진군했다. 그들은 십자군의 붉은 십자가가 그려진 튜닉을 입고, 그리스도의 다섯 군데 상처를 나타내는 깃발(헨리 8세 시절 카톨릭이 봉기했을 때와 똑같은 문장이었다)을 들고 리판에 입성했다. 그곳에서 백작들은 "여왕 폐하 주변에 있는 악마가 씌인 사람들"이 "진리를 왜곡하고 카톨릭 신앙을 전복시키고" 있다는 비난성명을 발표했다. 그들은 똑같은 악인들이 "여왕을 기만하고, 왕국의 질서를 어지럽히며, 지금은 귀족들을 파멸시킬 방법을 모색하고 있다"고 덧붙였다.

이런 식으로 반란자들은 자신들의 봉기 이유를 엘리자베스에 대한 대항이 아님을 분명히 밝혔다. 그들의 적은 어디까지나 여왕의 교활한 조언자들, 특히 프로테스탄트로서 여왕보다 더 호전적인 세실과, 전통 귀족들로부터 잉글랜드의 국정을 탈취해간 벼락 출세자들이었다. 비록 그들의 이런 호소에 귀가 솔깃해져서 반란에 동참하는 귀족들은 거의 없었지만, 그들은 메리를 석방시키고 또 그들이 저항했던 악당들에게 이용당하는 엘리자베스에게 맞서기 위해 군사행동을 계속했다.

그전까지만 해도 메리는 리판 남부에 있는 터트버리 성에 갇혀 있었다. 백작들과 그들이 이끄는 군대는 서둘러 그 성채로 왔지만, 그녀는 이미 훨씬 남쪽에 있는 코번트리로 옮겨진 후였다. 더 이상의 추격은 두려웠다. 1만 2,000명의 왕실 군대가 반격을 위해 움직이고 있었고, 그들이 스페인에 요청했던 응원병은 어디에도 보이지 않았기 때문이다. 낙담한 반란자들은 12월, 북쪽으로 퇴각했다. 도중에 왕실 성채인 바너드 성을 장악한 적도 있지만, 한사람 두사람 꼬리를 빼고 집으로 도망치면서 반란군의 숫자는 급격하게 줄어들었다. 노섬벌랜드와 웨스트멀랜드는 레오나드 다크레에게 급한 불을 처리하라며 스코틀랜드로 도주했다. 다크레는 다음해 2월 여왕의 군대에 체포되었으며, 이것으로 북부의 반란은 진압되었다.

겨울이 다 가기 전에 왕실 군대는 조금이라도 모반에 가담할 여지가 있는 사람들뿐만 아니라 전혀 무고한 수백 명의 혐의자들을 붙잡아 교수형에 처했다. 돈이 많은 사람은 재산을 바치거나 영지를 포기함으로써 간신히 목숨을 건졌다. 노섬벌랜드는 스코틀랜드에서 2,000파운드를 바쳤지만 결국 1572년 요크에서 처형당했다. 웨스트멀랜드는 스페인 령 네덜란드로 탈출해서 비참하게 살다가 죽었다. 그러나 당당했던 레이디 웨스트멀랜드의 경우는 달랐다. 엘리자베스도 그 귀부인은 존경할 수밖에 없었다. 그녀는 목숨을 건지고 잉글랜드에 남았다.

만약 노퍽 공도 메리 여왕의 왕부(王夫)가 되겠다는 치명적인 갈망만 없었더라면 레이디 웨스트멀랜드와 비슷한 집행유예로 풀려났을지도 모른다. 정부는 공작이 북부 모반자들과 일찍 관계를 끊었다는 점, 그리고 다시는 메리와 접촉하지 않겠다는 그의 맹세를 참작해서 런던 탑에 갇혀 있던 그를 1570년 가택연금으로 변경해 주었다. 하지만 그는 계속 메리 여왕과 연락했다. 그리고 가택연금 상태에서도 외국의 카톨릭 대리인과 계속 은밀히 만나면서 엘리자베스를 몰아내고 메리를 왕좌에 올리려는 계획을 세웠다. 그리고 이 계획은 너무도 일찍 세상에 드러났다.

이번엔 은총을 기대할 수 없었다. 1570년 로마 교황은 엘리자베스를 파문하고, 그녀의 카톨릭 신하들에게 여왕에 대한 충성을 버리라는 교서를 내렸다. 그러자 잉글랜드의 프로테스탄트들은 자신들의 여왕을 해치려는 그 어떤 음모도 결코 용서하지 않기로 결심하기에 이르렀다. 노퍽은 동료들에 의해 공판에 회부되었고, 만장일치로 유죄 선고를 받았다. 엘리자베스가 사형 허가증 승인을 미루자 의회는 계속 여왕을 압박했다. 의원들은 노퍽 공뿐 아니

## 벼락출세자들의 가계도

엘리자베스 시대에는 부자라는 것 하나만으로는 명문가의 대열에 낄 수 없었다. 부유한 상인이라 하더라도 내세울 만한 걸출한 조상이 없다면 엘리트 계층으로부터 무시당했다. 루퍼드의 헤스케스 가처럼 유명한 선조가 있는 가문은 조상들의 문장과 그들의 최종 지위가 씌어진 계보를 남겼다.

이러한 계보를 확인하고 가문의 문장을 수여하는 임무는 문장원(Collage of Herald)에서 관장했다. 문장관들은 돈 많은 벼락출세자들에게 뇌물을 받고 가짜 가계도를 승인하는 것을 부끄러워하지 않았다. 엘리자베스 시대 한 연대기 작가는 이렇게 불평했다. "젠틀맨에 관한 한 잉글랜드에서는 아주 싼값에 만들어진다."

'젠틀맨' 이란 용어는 일반적으로 토지를 소유한 요먼 출신의 농부, 임금노동자, 상인들보다 높은 모든 계급을 통칭했다. 하지만 이것을 다시 세분하면 그 신분은 평범한 젠틀맨에서부터 다섯 단계의 귀족인 공작, 후작, 백작, 자작, 남작까지 엄청난 차이가 있었다.

귀족 가문에서 출생하거나 여왕이 직접 높고 명예로운 지위에 올려주지 않는 한 귀족이 될 수 있는 다른 방법은 없었다. 하급 젠틀맨들은 합법적으로든 또는 다른 방법으로든 문장원에서 문장을 획득함으로써 에스콰이어(로버트 헤스케스처럼. 가운데 위)가 되겠다는 희망을 품을 수 있었다. 그 다음 에스콰이어는 로버트 헤스케스 경(왼쪽 아래)처럼 귀족 바로 아래 계급인 기사로 올라설 희망이 있었다.

라, 한 대신의 표현을 빌리면, '괴물스러운 용'인 스코틀랜드 여왕의 피도 원하고 있었다. 메리를 생각하면 안된 일이지만, 엘리자베스는 결국 노퍽이 죽어야 한다는 결론을 내렸다. 1572년 6월 2일, 자신의 머리가 잘려나갈 단두대에서 노퍽은 엘리자베스에 대한 충성을 천명한 다음, 그녀의 치세 동안 자신이 런던 탑에서 처형당하는 첫 번째 사람이자 마지막 사람이 되기를 원한다고 말하며 죽어갔다.

노퍽이 처형당한 지 6년이 지난 1578년의 여름, 엘리자베스는 그리니치를 출발해 노퍽 공이 생전에 부귀영화를 누렸던 노리치까지 지방순회 행차를 떠났다. 반란을 진압한 후 여왕의 권위와 인기는 더욱 높아졌다. 한 연대기 작가는 잉글랜드 국민들은 이제 여왕의 즉위일인 11월 17일마다 설교를 듣고 기도를 하며 많은 축하잔치를 벌인다고 기록했다. "온 천지에 명랑한 종소리가 울려퍼지는 가운데 그들은 마상시합을 열고 희희낙락하는 축제로 여왕을 향한 그들의 애정을 증명했다." 그리고 여왕도 진심으로 국민들의 애정에 보답해주었다. 그녀는 자신은 국민과 결혼했다고 말하면서, 그 증거로 대관식 반지를 흔들어 보이곤 했다. 여름철 지방순회 행차는 여왕과 고문관들 입장에서는 충성을 바친 사람들에게는 그 보답인 동시에 저항세력의 기를 미리 꺾어놓으려는 예방책 성격이 섞여 있는 것이었다.

엘리자베스 여왕과 수백 명의 수행대신과 시종들은 보통 말을 타고 이동했다. 의식용 공식 마차는 아직도 진기한 물건인데다가, 울퉁불퉁하고 더러운 길에서 이동하기엔 어려움이 많았기 때문이다. 6필의 말이 이끄는 300여 개의 짐수레마다 물품이 가득 실려 있었다. 아무리 부지런히 움직여도 일행이 하루에 갈 수 있는 최대거리는 약 20km였다. 여왕이 순회행차 도중에 머무는 집의 주인은 상당한 지출을 감수해야 했지만, 대신 큰 영예를 그들에게 안겨주었다. 여왕의 최측근 조신들은 여왕이 유숙하는 집에 같이 묵었고, 다

컴벌랜드 백작 조지 클리퍼드가 엘
리자베스의 즉위일인 11월 17일을
기념해 열리는 마상 창시합 출전을
준비하고 있다. '퀸즈 챔피언' 타
이틀 보유자였던 그는 여왕의 사랑
을 얻기 위해 자신의 창과 매력 있
는 차림새로 경쟁자들과 겨뤄야 했
다. 그는 별 무늬가 있는 긴 양말과
갑옷, 그 위에 보석이 박힌 겉옷을
입었으며, 엘리자베스 여왕에게서
하사받은 장갑을 모자에 꿰맨 화려
한 차림새를 뽐내고 있다.

른 사람들은 천막이나 여관 또는 인접해 있는 민가에서 밤을 지냈다.

노리치까지의 순회행차 준비는 몇 달 전부터 시작되었다. 7월 11일, 엘리자베스가 그리니치를 떠날 때 그녀가 묵게 될 모든 집들은 사전조사를 받았으며, 그 지역 일대에 전염병이 돌지 않는다는 사실을 증명해 보여야 했다. 왕실 지정 식료품 징발관들은 선발대로 해당 지역의 시장에서 식료품을 정찰가격에 확보해야 했는데, 종종 가격을 지나치게 싸게 불러 상인들의 원성을 살 때가 있었다. 왕실 의정관들이 이끄는 의전팀은 여왕이 한 지역을 떠날 때마다 이집 저집 뛰어다니면서 얼른 가구를 수습하고 커튼을 거둔 다음 다음번 장소에 먼저 가닿기 위해 서둘러 출발해야 했다. 여왕과 추밀원은 순회행차 중에도 계속 국정을 논의했으며, 왕실 우정국장은 그 여정에서 우편물의 집배를 맡았다.

이렇게 하루하루 묵으면서 이동하느라 노리치가 있는 북쪽으로 가는 여정은 한 달 이상이 걸렸다. 8월 11일, 여왕은 고인이 된 노퍽 공의 거대한 궁전 케닝홀에 도착했다. 고인의 장자이자 상속자인 필립 하워드가 여왕을 맞이했다. 그는 훗날 카톨릭으로 개종해서 런던 탑에서 죽지만, 1578년에는 여왕의 환심을 사기 위해 1만 파운드의 접대비를 써가며 무척 애를 썼다. 여왕은 케닝홀에서 노리치로 들어가기 전 마지막으로 하룻밤을 묵었다. 그리고 다음날

그녀는 자신을 기다리고 있는 환영식에 보답하기 위해 그녀의 초상화에서 보여주듯 세상의 화려함을 모두 모은 듯한 미복으로 성장을 했다.

8월 16일 토요일 아침, 여왕과 그 일행은 눈앞에 바라다보이는 노리치를 향해 걸음을 옮겼다. 언덕 높은 곳에는 노르만 성이 보였으며, 그 밑으로 거리와 시장이 펼쳐지고, 작은 웬섬 강 옆으로 성당이 자리잡고 있었다. 이 도시는 최근 몇 년 사이 인구가 급증했다. 스페인의 지배하에 있던 저지대 국가들의 프로테스탄트 6,000명이 이곳으로 피난을 온 이후 이제 1만 6,000명이 정착해 살고 있었다. 파리나 로마처럼 대도시 반열에 오른 런던에 이어 잉글랜드에서 두 번째로 인구가 많은 도시가 되었다.

도시의 시민들은 지난 6월부터 여왕의 방문을 준비해왔다. 주요 가도들은 자갈로 포장을 하거나 확장 공사를 했으며, 눈살을 찌푸리게 하던 쓰레기 더미는 깨끗하게 치웠고, 중심지에 있던 무시무시한 칼과 감옥들도 없애버렸다. 주택 정면은 다시 색을 칠했으며, 굴뚝 청소를 하고, 강변에 있는 옥외

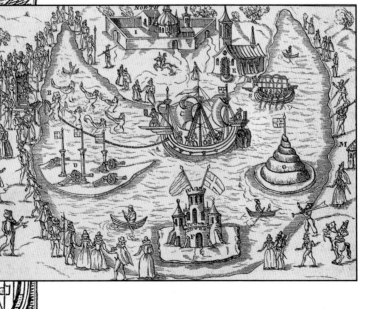

엘리자베스의 지방순회 행차 중간중간 호화스러운 야유회(맨 왼쪽)와 대규모 수상 쇼가 연출되곤 했다. 왼쪽 그림은 허퍼드 백작이 1591년 여왕의 방문을 위해 준비한 수상 쇼이다. 초승달 모양의 연못에서 해전을 극화한 내용으로, 반인반어의 트리톤 복장을 한 사내들이 트럼펫을 불고 있는 모습이 보인다.

변소들도 청소했다. 도랑이나 좁은 골목에서 제멋대로 돌아다니던 소와 돼지들도 눈에 띄지 않은 곳으로 몰아냈다. 푸줏간들은 어떻게 해서든 육류 쓰레기를 처리해냈다. 또한 시평의회는 접대비와 성가대원이나 시 소속 음악가들에게 새 유니폼을 만들어주기 위해 500파운드를 빌려야 했다.

노리치 시장이 젊고 잘생긴 60명의 청년들과 함께 시 외곽에서 여왕을 맞이했다. 청년들은 검은색 긴 양말을 신고 노란 띠를 두른 검은색 태피터 모자를 썼으며, 은색 레이스 장식을 한 긴 소매가 달린 자줏빛 재킷을 입고 있었다. 벨벳 코트를 입은 고위 성직자들, 진홍빛 예복을 입은 그 도시의 관료들, 자줏빛 옷을 입은 전직 보안관들은 환영식장의 분위기를 한층 우아하게 만들었다. 병사들이 도열해서 여왕을 향해 환호하는 군중의 접근을 막았다. 한 목격자는 "이보다 더 근사한 광경은 없을 것이다"라고 썼다.

시장이 라틴 어 연설을 한 다음 여왕에게 금화 100파운드를 가득 채운 뚜껑 있는 은컵과 검을 선물로 바쳤다. 여왕은 자신은 선물이 아니라 신하들의 충정이 어려 있는 마음을 받기 위해 왔다고 말했다. "하나님이 풍족하게 내려주시기 때문에 왕들은 돈이 필요 없소." 하지만 언제나 자신의 재정 상태를 기억하고 있던 그녀는 컵을 받아 옆의 시종에게 넘기며 그 안에 담긴 내용물이 과연 시장이 라틴 어로 표현한 것과 일치하는지 확인시켰다. "보라, 그 안에 100파운드가 들어 있다는구나."

모든 것이 순조로웠다. 여왕의 행렬은 새로 칠을 하고 여왕의 문장과 다른 기장들로 장식한 세인트 스테판 게이트를 통해 노리치로 들어갔다. 깔끔한 옷을 입은 세레나데 가수가 노래를 불렀고, 무대 위에선 소녀들이 여왕을 위해 실을 잣고 뜨개질을 하는 동안 소년 하나가 시적 표현으로 그 장면에 대해서 설명했다. 여왕은 사람들이 모여 있는 곳에서 언제나 그랬듯이, 열심히 경청한 다음 수고한 아이들을 칭찬해주었다. 여왕을 위한 '노리치 쇼'를 연출했던 시인 토머스 처치야드는 훗날 여왕이 "예사로이 여겨 지나친 것은 아무엇도 없었다"고 썼다.

축제 분위기는 여왕이 떠나는 8월 22일 금요일까지 계속되었다. 그날 아침 여왕은 비숍스 팰리스에서 5명의 젠틀맨에게 기사 작위를 수여한 다음, 말을 타고 화환을 늘어뜨린 거리를 지나 성문을 빠져나갔다. 성문 밖에는 물의 요정 분장을 한 처치야드가 역시 요정으로 분장한 12명의 소년들과 함께 기다리고 있었다. 그들은 탬버린을 흔들며 춤추었으며, 여왕은 재미있어하며 웃었다. 여왕은 3km를 더 간 후 노리치 경계선에서 다시 한번 일행을 멈추게 하고, 시장에게 작위를 수여한 다음 도시에 작별인사를 고했다. "내 노리치를 잊지 않을 것이오." 그녀는 이렇게 말한 다음 눈물이 그렁그렁 괸 눈으로 그곳을 떠났다.

하지만 추밀원 의원들은 이곳에서 처리할 일이 남아 있었다. 지난주 한창 들뜨고 즐거운 분위기를 차갑게 만들었던 사건이 발생했기 때문이다. 추밀원은 카톨릭 출신의 영국 국교회 기피자들과 법을 어기고 교회 참석을 거부했던 사람들에 대해서 본격적인 조사에 들어갔다. 그곳 주교는 50명에 이르는 국교 기피자들의 이름과 그들의 재산 정보가 담긴 목록을 작성해서 조사와 심판을 도왔다. 국교 기피자들 중 초범들은 보석 보증인을 세우고 종교 교화 교육을 받으면 되었지만, 계속 반항할 경우엔 감옥에 갇히게 된다. 전에도 이 지역에서 퓨리턴들을 처벌한 적이 있었다. 하지만 이번에 추밀원은 엘리자베스 정부를 전복하고 메리가 계승할 경우 세력을 얻게 될 카톨릭 교도들을 집중적으로 조사했다.

"우리의 종교개혁이 잔혹하다고는 말하지 말자." 엘리자베스는 이렇게 선언했다. 하지만 노리치 순회행차 후 몇 년 동안 종교간의 긴장감은 더욱 높아지고 있었으며, 스페인은 잉글랜드의 이런 상황을 이용하기만을 호시탐탐 노리고 있었다. 불만자들을 대하는 여왕과 고문관들의 태도도 거칠어졌다. 급진적 퓨리턴들은 고문당하고 불구가 되었다. 그중 한 사람이 변호사이자 노퍽의 지주였던 존 스터브스였다. 그는 1579년 프랑스의 앙주 공을 비난하는 팸플릿을 출판했다. 앙주 공작은 엘리자베스에게 진지하게 청혼한 마지막 외국인이자 거의 여왕의 동의를 얻을 뻔한 사람이었다. 스터브스는 이 앙주 공이 자기보다 훨씬 나이도 많으며 안전하게 자식을 낳을 가능성도 없어 보이는 여자와 결혼하려는 것은 시꺼먼 속셈 때문이며, 이제 45세가 된 엘리자베스 여왕은 '도살장에 끌려가는 양' 처럼 결혼이라는 족쇄에 얽매이게 된다고 썼다. 스터브스와 이 팸플릿을 배급했던 인쇄업자는 오른팔이 잘리는 벌을 받았다. 그후 스터브스는 왼손으로 모자를 벗으며 울먹이는 목소리로 "신이여, 여왕을 보호하소서!"라고 외치며 충성을 맹세했다.

사제 공부를 위해 외국으로 갔다가 은밀히 잉글랜드로 돌아온 카톨릭 교도들에게는 더욱 혹독한 형벌이 기다리고 있었다. 그들은 교수형을 당하거나 수장(水葬)되었으며, 혹은 반역자로 낙인 찍혀 런던 탑에 갇혔다. 엘리자베스와 그녀의 고문관들은 점점 자신들이 얼굴을 가리고 있는 숨은 적들과 비정규적인 전쟁에 말려들고 있다고 생각했다. 그들의 적이란 잉글랜드 내 카톨릭 교도들, 그리고 그들을 지원하는 외국세력들, 특히 스페인이었다. 그리고 여왕의 조언자들이 생각하기엔 잉글랜드의 왕위 계승권을 주장할 수 있는 메리가 살아 있는 한 언제라도 이 적대세력들은 점점 더 기승을 부릴 것이라는 사실이었다.

특히 메리에게서 날카로운 눈을 떼지 않고 그녀를 없애길 희망했던 사람은 프랜시스 월싱엄 경이었다. 엄격한 프로테스탄트로, 세실의 뒤를 이어 1573

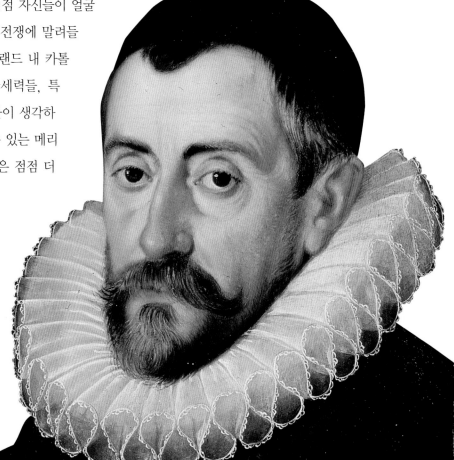

엄숙하고 음울한 인상의 프랜시스 월싱엄 경의 초상화. 엘리자베스 여왕의 국무장관이었던 그는 여왕을 위협하는 스코틀랜드 여왕 메리와 그녀를 지지하는 국내외 카톨릭 교도들에게서 감시의 눈을 떼지 않았다. "두려워하는 편이 두려워하지 않는 것보다 훨씬 덜 위험하다"라는 그의 신조를 증명이라도 하듯 메리는 결국 그가 가장 두려워했던 음모를 일으키고 말았다.

년 엘리자베스의 국무장관이 된 그에겐 여러 임무 중에서도 모반에 맞서 여왕의 목숨을 지켜야 할 의무가 있었다. 작은 키에 거무스름한 피부를 가지고 언제나 검은 옷을 입고 다니는 그를 엘리자베스는 '무어 인'이라 불렀다. 여왕은 퉁명스러운 그의 성격을 받아주었으며, 때로는 전혀 반갑지 않은 조언을 참아내야 했는데, 그녀의 안전과 번영을 위해 최선을 다하는 그의 진심을 잘 알고 있었기 때문이다. 월싱엄은 "먼저 하나님의 영광을, 그리고 다음엔 여왕의 안전을 희망한다"라고 말했으며, "그 악마 같은 여인 메리가 살아 있는 한" 여왕은 결코 안전할 수 없다고 확신하고 있었다.

월싱엄은 엘리자베스를 보호하고 그녀의 이익을 지키기 위해 국고 비자금을 들여 뛰어난 인재들로 구성된 비밀첩보망을 만들었다. 그의 대리인들은 참으로 광범위하게 움직였다. 국내와 외국에 있는 대사관들과 항구에 침투해서 선박과 군대의 움직임을 감시하는 한편, 잉글랜드 내부의 중상자들과 외국관료들과의 접촉도 염탐했다. 물론 메리 스튜어트의 가계에 대한 감시도 게을리하지 않았다.

1583년 월싱엄은 메리를 앞세워 엘리자베스를 전복하려는 국제적인 음모를 적발해냈다. 몇 달 동안 감시를 계속한 끝에, 그해 11월 메리와 긴밀히 접촉하던 카톨릭 교도 프랜시스 스록모턴의 덜미를 잡은 것이다. 스록모턴은 고문을 견디지 못하고 스페인 대사 베르나르디노 데 멘도사 등의 외국인들과 모반을 꾸미고 있다고 자백했다. 잉글랜드와 스코틀랜드를 동시에 침공해서 국내 소요를 일으킨다는 그 반란 음모는 메리의 착상이었다고 했다. 음모자들 중 몇몇은 유럽 대륙으로 도망쳤지만, 나머지는 스록모턴과 함께 붙잡혀 처형당했다. 멘도사는 잉글랜드에서 추방당했으며, '화평 대사'로서도 엘리자베스를 기쁘게 하지 못했기 때문에 미래에 "전쟁에서 그녀를 만족시켜"줄 것이라는 경고를 했다.

엘리자베스는 이번에도 메리의 사형 재가를 거절했다. 하지만 그녀는 스페인이 정말 잉글랜드와 전쟁을 준비하거나 또는 잉글랜드 내 반역자들을 지원하려들 때 메리가 얼마나 위협적인 존재가 될지 분명히 인식하고 있었다. 월싱엄과 추밀원의 다른 고문관들은 메리가 다른 음모들에도 책임이 있다는 생각을 떨쳐낼 수 없었으며, 급기야 1584년에는 결의동맹(Bond of Association)이라는 서약서를 작성해 그 사본을 회람하기에 이르렀다. 이 서약서에 서명한 사람은 여왕을 보호할 것이며, 여왕을 해치려는 음모를 꾸미거나 또는 이러한 음모로 이득을 얻는 사람은 누구든지 죽일 것을 맹세하는 내용이었다. 이것은 분명히 메리를 지목한 것이었다.

이 끔찍한 서약서에 서명한 사람은 수천 명에 달해서 엘리자베스도 깜짝 놀랐다. 린치 법이나 다름없는 이 서약서에 따르면 메리의 아들 스코틀랜드의 왕 제임스도 무사할 수 없을 것이다. 그도 엘리자베스가 죽을 경우 간접적으로 이득을 보는 사람이 분명했기 때문이다.

의회는 여왕의 우려를 인정해서 1585년 음모자를 조사·재판하는 위원회를 만들 때, 모반으로 이득을 볼 수는 있지만 사전에 음모 사실을 몰랐던 사람에게는 벌을 면해준다는 법률을 통과시켰다. 그러나 이 법률은 만약 메리가 미래의 어떤 음모에 관여한다면 목숨으로 죄값을 치러야 할 것임을 확실히 밝혀두었다.

메리로서는 자신의 지지자들을 격려하는 것이 점점 더 위험한 상황이 되었다. 엄격한 퓨리턴인 에이미어스 폴릿 경의 철통 같은 감시 때문에 비밀 서신왕래는 불가능했다. 폴릿 경 다음엔 슈루즈버리가 감시자가 되었을 때에야 비로소 메리는 다시 편지를 쓸 수 있었다. 대신 그 편지들은 잉글랜드의 카톨릭 교도인 길버트 길퍼드(월싱엄은 그를 매수해두었다)만 전달할 수 있다는 조건이 붙었다. 메리가 암호로 적은 편지들은 메리와 월싱엄 양편에서 돈을 받은 지역 양조업자가 맥주통 속에 몰래 숨겨 들어오고 나갔다. 양조업자는 그 밀서를 길퍼드에게 주고, 길퍼드는 그것을 월싱엄에게 빼돌렸다. 월싱엄은 암호를 풀고 편지 사본을 만든 다음 길퍼드에게 편지를 주면, 그때에 비로소 편지는 수신자에게 배달되었다. 메리에게로 가는 비밀편지들도 똑같은 방식으로 전달되었다.

이러한 편지들 가운데 메리가 1586년 5월, 지금은 파리 주재 스페인 대사가 된 멘도사 앞으로 보낸 편지가 걸려들었다. 메리는 자기를 위해 잉글랜드를 침공할 계획이라니 고맙다고 썼다. 멘도사는 잉글랜드의 카톨릭 교도들과 손을 잡고 먼저 봉기의 첫 목표로 엘리자베스를 암살한 다음, 메리에게 잉글랜드 왕관을 바친다는 계획을 세우고 있었다. 어쩌면 성공할 수도 있었던 이 암살 음모의 주동자는 앤서니 배빙턴이었다. 그는 슈루즈버리의 집에서 시동으로 일했던 어린 시절부터 메리의 매력에 빠져들어 그녀를 구출해내겠다고 결심했던 사람이었다.

배빙턴은 7월에 자신의 의도를 편지로 메리에게 알렸는데, 암살 시도를 승인하는 메리의 비밀 메시지가 담긴 답장이 월싱엄이 놓아둔 덫에 걸려든 것이었다. 일단 감옥에 갇히자 배빙턴과 공모자들은 모든 것을 순순히 자백했다. 그들은 심문을 받고 갖은 모욕을 당한 다음 교수대로 끌려갔다. 배빙턴과 일당들 중 몇몇은 서민 출신의 반역자가 받을 수 있는 모든 형벌을 한꺼번에 받았다. 그들은 교수형을 당하기 전에 수장되었고, 내장이 꺼내졌으며, 몸이 찢겨졌다.

메리의 운명은 봉인되었다. 10월 말, 귀족 · 고문관 · 판사들로 이루어진 특별위원회가 만장일치로 여왕 살해교사라는 죄목을 찾아냈고, 의회는 즉시 이에 동의하고 메리의 처형을 요구했다. 사형집행 영장에는 엘리자베스의 서명이 필요했지만, 여왕은 극도의 불안감을 보이며 몇 달이나 서명을 미루었다. 그녀는 일족인 메리를 처형하는 것이 무서웠는데, 그것은 메리를 기다리는 교수대는 결국 어머니의 죽음과, 그녀 자신이 런던 탑에 갇혔을 때의 악몽과 맞닿아 있었기 때문일지도 몰랐다. 그리고 무엇보다 그녀는 자신의 명성이 더럽혀지는 것이 두려웠다. 국민들이 어떻게 생각하겠는가? 자신의 목숨을 보전하기 위해서 피붙이의 피를 칼에 묻히는 것도 불사하는 독한 처녀 여왕으로 비쳐지지 않겠는가?

1587년 2월 1일, 드디어 여왕은 사형 집행장에 서명을 하고 그것을 국무장관이었던 윌리엄 데이비슨에게 주었다. 그런 다음 처형을 피하고 공식적인 책임에서 벗어나려는 필사적인 노력으로, 데이비슨에게 에이미어스 폴릿 경에게 결의동맹의 이름으로 메리를 죽이라는 편지를 쓰도록 했다. 그러나 폴릿 경은 여왕의 요청을 단호하게 거절했다. "내 자신의 양심까지 파멸시키며 그런 어리석은 일을 할 수 없으며, 법과 위임장 없이 피를 흘리게 하는 큰 오점을 초라한 후손들에게 남기는 일을 하나님은 금하셨습니다."

메리가 2월 8일 참수되었다는 소식을 전해 들은 엘리자베스는 자신의 추후 명령 없이 단번에 위임장을 실행한 고문관들을 거칠게 비난했다(사실 그녀는 이전에 가능하면 메리의 죽음에 자신이 관계하지 않기를 바란다는 뜻을 분명히 밝혔다). 여왕의 분노는 엉뚱하게도 데이비슨에게 떨어졌다. 여왕은 이 희생양을 런던 탑에 가두고 목을 매달라고 위협했다. 여왕이 궁정에서 이토록 극단적인 심리상태를 보인 적은 많지 않았지만, 폭풍우 같은 다른 야단법석이 그러했듯이 이번에도 더 큰 희생자를 내지 않고 가라앉았다. 데이비슨은 나중에 석방되었으며, 그후로는 별 자취를 남기지 못하고 흐릿하게 사라져갔다.

폭풍은 지나갔다. 엘리자베스는 활력을 되찾았으며, 다시 국민들에게 희망과 영감을 불어넣어주는 원천이 되었다. 그들의

스코틀랜드 여왕 메리가 1587년 2월 8일, 그녀의 마지막 거처였던 포더링헤이 성의 단두대 위에 목을 올려 놓고 죽음을 맞이할 준비를 하고 있다. 사형장 옆에 그녀의 죽음을 알리는 햇불과 울고 있는 그녀의 시녀들이 보인다. 44년의 일생 중 거의 절반을 감옥에 갇혀 지내는 동안 메리는 뜨거운 카톨릭 신앙으로 고난을 이겨냈다. 형장으로 향하는 그녀는 묵주(왼쪽)를 들고 라틴 어 기도를 암송했다. "오, 주님, 당신의 손에 맡기니, 내 영혼에 명한 대로 행하도록 하소서!"

국가는 여전히 도전자들에게 에워싸여 있었고, 저 앞에는 앞길이 보이지 않는 캄캄한 날들이 가로놓여 있었지만, 국민들은 그들의 여왕이 어서 자신들의 길을 밝혀서 이 어둠 속을 빠져나갈 수 있도록 이끌어주기를 고대하고 있었다.

## ESSAY _ 2 | 농촌생활

　런던을 떠난 엘리자베스 여왕의 거둥 행렬은 주로 잉글랜드 농촌지역으로 향했다. 백성의 4분의 3 이상이 살고 있는 농촌지역은 650여 개의 소읍과 1만여 개의 마을들로 이루어져 있었으며, 대부분 기름진 농토를 소유하고 있었다. 또한 남부에는 좋은 어장들이 발달했다.

　농촌 거주자들도 런던에서와 똑같은 사회질서를 따르고 있었다. 맨 상층에는 귀족, 기사, 땅을 소유한 젠틀맨들이 있었고, 그 다음은 상인과 사업가들로 이루어진 중간계급이, 그 아래에는 장인들과 최소한도의 자기 농토를 가진 농부들이 있었다. 그 밑에는 하인들이나 일용노동자들이었으며, 거지와 부랑자는 사회의 맨 밑바닥을 형성했다.

　작업장과 교회, 그리고 선술집은 농촌생활의 중심이었다. 대부분의 농촌주민들은 소읍이나 마을에서 살았다. 심지어 농부들도 마을에 집을 두고 매일 일터인 들판까지 걸어갔다. 산간지방이나 삼림지역 사람들은 고립된 농장에서 일가를 이루고 살았다. 일요일은 휴식하고 예배를 드리는 날이었으며, 기독교 축일이 되면 교회는 마을 전체가 참여할 수 있는 축제를 준비했다.

잉글랜드의 해안지방 그레이트야머스의 전경. 중세에 지어진 성벽 안쪽으로 마을이 모여 있고, 성벽 바깥으로 들과 방목지가 펼쳐져 있다. 이곳은 뱃사람들과 선원들의 고향인 어업도시로, 매년 시가 주관하는 축제인 야머스 피싱 페어로 유명했다. 1614년 이곳에서 출간된 책에는 "청어를 잡고, 팔고, 사기 위해 사람들이 구름처럼 모여들었다"라고 씌어져 있다.

# | 일하는 가족

16세기 잉글랜드 지방 사람들이 안락한 삶을 누리기 위해선 남편과 아내가 모두 일해야만 했다. 남편은 한 집안의 가장으로 인정받고 농부나 기술공으로 일했으며, 아내는 집안의 경영자로서 아이들 교육과 하인들, 그리고 도제들을 감독하고 돌보는 일을 맡았다. 젠틀맨들이 일찍 결혼하는 것에 비해서, 대부분의 남자와 여자들은 26세에서 27세가 되어야 결혼할 수 있었다. 그 나이가 되어야만 도제를 마치고 그 일로 가정을 꾸려나갈 수 있었기 때문이다.

대부분의 가정에서 자식이 3명에서 5명이었던 것에 비해, 부잣집에서는 12명의 자식을 낳기도 했다. 자식들은 10대가 되면 부모의 곁을 떠나 농업 노동자나 가정집 하인, 도제가 되었다.

농사는 전통적인 개방경지제에 따라 마을이나 읍내에 있는 경작 가능한 땅을(이것은 대부분 부유한 지주의 소유였다) 3개의 커다란 농지로 분할해서 이루어졌다. 농부들은 이런 들판에 흩어져 있는 땅뙈기들을 임대해 경작했다. 15세기에 지주들이 농토에 울타리를 쳐서 경작지를 통합시켰던 인클로저(enclosure)가 16세기에도 계속 이어지고 있었다. 이것으로 농업체제는 훨씬 효율적으로 되었지만, 많은 농업 노동자들이 땅을 빼앗기는 부작용을 낳기도 했다.

농업과 농사에 기반을 둔 상업활동 이외에도 잉글랜드 지방 사람들은 염전에서 소금을 만들거나, 배의 건조, 어업, 광산, 그리고 무두질과 구두제조 등과 같은 다양한 분야에서 일을 하기도 했다. 또한 많은 남자들과 여자들은 집에서도 모직과 직물 거래를 위해 방적이나 천짜기, 염색 등의 일을 했다.

가사와 식사 준비는 여자들의 몫이었다. 여자들은 살림에 필요한 물건들을 시장에서 구입했다(왼쪽). 집의 바닥은 흙벽돌이나 돌을 깔았으며, 실내용 변기 같은 위생시설은 부잣집에만 있었다. 실내용 변기는 공동 오수 구덩이나 마을의 도랑에 쏟아 비웠다.

감독관의 지시를 받으면서 추수하고 있는 남자와 여자들. 의회 법령은 지방 치안판사에게 추수 등 일꾼이 필요할 때 장인들과 건강한 다른 사람들을 들로 불러낼 수 있는 권한을 주었다.

한번 홍수가 나면 어린아이나 어른, 가축, 세간 할 것 없이 모두 떠내려갔다. 홍수와 가뭄은 많은 지방 거주자들에게 떨칠 수 없는 두려움이었다. 그들의 생계와 때로는 생명까지 날씨에 따라 늘 위협을 받았다.

목동과 소몰이꾼이 마을 외곽 들판에서 만나 반갑게 인사하고 있다. 가축은 공용 초지나 삼림지대에서 방목하다가, 추수철이 끝난 후에는 들판에서 풀어놓고 키울 수 있었다.

## 오락과 축제

길고 고된 노동의 시기가 끝나면 사람들의 마음은 교구의 교회에서 주관하는 많은 축하잔치에 대한 기대감으로 부풀어올랐다. 이런 행사에는 엄숙한 종교적 행사와 예배도 있었지만, 교구 자금 마련을 위해 음식과 술을 파는 '처치에일(church-ale)' 같은 흥겹고 즐거운 자리도 많았다. 부자들은 잔치 경비를 부담했으며, 그 다음 추수철과 크리스마스 기간에도(보통 12일 정도였다) 마을 사람들에게 자신의 집을 개방했다.

대부분의 축일은 종교적인 색채와 세속적인 색채가 함께 어우러진 것이었다. 크리스마스 기간에는 이교도들의 풍습에 따라 홀리(서양호랑가시나무의 가지)와 아이비로 집을 장식하고, 종교적 성격이 강한 연극을 관람하며, 파티를 열고, 카드놀이나 보드 게임을 하고, 바세일 볼(wassail bowl, 의식 때 축배용으로 사용되던 용기-옮긴이)을 돌리고, 캐럴을 불렀다. '재의 수요일(그리스도 교의 사순절 첫날-옮긴이)' 전 3일간은 사순절 동안 먹을 수 없는 음식을 마음껏 먹는 날이자, 남자들에겐 축구, 도보 경주, 투계 등의 여흥에 빠져도 좋은 날이었다. 하지만 성직자들은 경쟁심과 도박을 부추기는 이러한 경기를 반대했다. 1570년, 한 프로테스탄트 설교사는 너무도 소란스러웠던 경기를 목격하고, "엄청난 폭음과 과식, 만취로 가득 찬 하루"라고 묘사했다.

농사철은 겨우내 굳었던 땅에 처음으로 쟁기질을 하는 '밭갈이 월요일' 의식과 함께 시작되

에버레드 디그비가 1595년 출판한
〈수영 기술〉에서 '팔을 같이 움직여
헤엄치는 방법'을 묘사한 그림
이다(왼쪽). 영국인들은 모든
종류의 옥외 스포츠를 좋아했는데,
특히 낚시는 계급의 귀천을 떠나
식량보급과 레크리에이션 측면에서
모두에게 사랑받았다(아래).

축구는 일요일과 축제일에 남자들에게 인기가 많았다.
너무도 거친 경기가 연출되었기 때문에 한 작가는 축구를
"경기자들이 짐승처럼 성을 내고 극도로 폭력적이
되어 결국 몸만 상할 뿐 아무 도움이 못 되는 거친 경기"로
표현했다. 그후 많은 마을에서 이 경기를 금지했다.

었다. 그 다음은 여름의 시작을 알리는 인사 '메이 데이'가 이어졌다. 푸릇푸릇한 가지들로 집을 장식하는 이날부터 긴 축제의 날들이 계속 이어졌는데, 지역 공동체가 어떤 여름 경기들을 준비하느냐에 따라서 이 축제기간은 7월까지 연장되기도 했다. 사람들은 5월의 꽃기둥을 뜻하는 메이폴을 세워 그 주변을 춤추며 돌았으며, 메이퀸을 뽑고 연극과 춤을 즐겼다. 잉글랜드 국민들은 한여름 내내 햇불을 켜두었다. "그 건강한 열기는 힘차게 쉭쉭 숨을 내뿜으며, 이 지상에 있는 병든 수증기, 안개, 연기 등을 잡아먹는다." 사람들은 햇불이 곡물과 사람들에게 나쁜 병에 걸리지 않도록 지켜주고 악천후를 막아준다고 믿었다.

8월 첫째 날은 공식적으로 추수철의 시작이자 그해 농사를 마감하는 날이었다. 사람들은 추수한 곡식으로 음식을 만들어 잔치를 열었으며 '추수의 여왕'에게 왕관을 씌웠다. 독일 출신의 한 여행자는 이렇게 묘사했다. "그들은 마지막 거두어들인 밀단에 꽃으로 엮은 화관을 씌우고 풍요를 상징하는 옷을 입힌다. 어쩌면 그들은 케레스(풍작의 여신−옮긴이)를 상징하려고 하는 것 같았다."

프로테스탄트의 종교개혁과 사회질서에 대한 우려는 결국 관료들에게 축제 일수를 줄이도록 만들었다. 프로테스탄트 성직자들은 설교시간에 춤을 비롯해 일요일을 즐겁게 만들어주었던 많은 여흥을 비난했다. 1년에 95일에 달했던 축제일은 27일로 대폭 줄어들었다. 한 프로테스탄트 목사는 이렇게 증언했다. "축제일이 줄어들자 지나치게 많았던 초상집의 밤샘꾼들, 조합원들, 친목회원들, 처치에 일에서 툭하면 소동을 일으켰던 이교도적인 난동이 확실히 줄어들었고 얌전해졌다."

런던 외곽에 있는 작은 마을의 주민들이 상점 앞 풀밭에서 결혼식 피로연을 하고 있다. 1570년경에 그려진 이 그림은 축제를 즐기는 사람들과, 나무 아래에서 검은 옷 차림으로 그 축제를 바라보는 남녀의 모습을 함께 보여주고 있다.

S. Dunston inde caſt

Leadne Hall

S. Hellen

S. Anarew

Lion Kay

THE BRIDGE

S. Mary Oueris

# **2** :: 기회의 도시 런던

1587년 2월 8일, 데이비드 베이커라는 11세 소년이 고향 웨일스를 떠나 런던에 도착했을 때, 런던 시민들은 전혀 예상하지 못했던 축제를 만끽하고 있었다. 명랑하게 울려 퍼지는 종소리, 공기를 가르는 축포 소리, 도시 구석구석마다 지펴놓은 화톳불이 타닥타닥 타들어가는 소리가 밤늦게까지 이어지고 있었다. 프로테스탄트 런던 시민들은 기다리고 기다렸던 소식을 마음껏 축하하고 있었다. 여왕의 카톨릭 종자매 스코틀랜드의 여왕 메리의 목이 '드디어' 떨어진 것이었다! 밤하늘 높이 솟아오른 불꽃들은 템스 강을 가르는 널찍한 석조 구조물인 런던 브리지 위에 세워진 크고 우아한 집들과 가게들을 환하게 비추었다. 그 불꽃들은 또한 깜빡깜빡 사라져가면서 그 다리 한쪽 끝 게이트하우스 위에서 막대에 꽂힌 채 썩어가고 있는 머리들을 그로테스크하게 드러내주었다. 이것은 반역자에게는 어떤 운명이 기다리고 있는지 알려주는 소름 끼치는 경고이기도 했다.

어린 베이커로서는 런던에서 그를 기다리고 있던 이 축제 분위기를 어떻게 이해해야 좋을지 몰랐을 것이다. 그도 그럴 것이 그는 그의 시대가 만들어놓은 종교적 혼란의 산물이었던 것이다. 치안판사인 소년의 아버지는 겉으로는

템스 강의 남쪽 강둑과 잉글랜드의 수도 중심부(배경)를 연결하는 런던 브리지 입구를 잘 살펴보면, 반역자들의 잘려나간 머리들이 꽂혀 있는 으스스한 풍경이 보인다. 스위스 출신의 어느 방문객은 "런던은 잉글랜드의 다른 지역과는 매우 달라서 런던이 잉글랜드 안에 있는 것이 아니라, 오히려 잉글랜드가 런던 안에 있다"고 썼다.

프로테스탄트로 개종한 것처럼 보였지만, 내면으로는 카톨릭 신앙을 계속 믿고 있었다. 하지만 베이커의 말을 빌리면, 늙은 아버지는 세월이 흐름에 따라서 "카톨릭 신앙의 모든 감각을 잃어버리는" 지경에 이르렀으며, 신교든 구교든 상관없이 고민하지 않고 살아갔다. 덕분에 데이비드와 12명의 그의 형제들은 엄격한 종교적 신조에 얽매이지 않고 비교적 자유롭게 성장할 수 있었다. 그래서 1587년 겨울, 야단법석을 떠는 저녁 광경을 바라보는 소년의 마음속엔 불운한 메리 여왕의 운명보다는 자신의 미래가 더 큰 자리를 차지하고 있었다.

베이커가 잉글랜드의 번잡스러운 수도로 오게 된 것은 학업 때문이었다. 그는 차츰 북적거리는 사람들이 연출해내는 이 도시의 풍광과 음향과 그 냄새를 알았을 것이다. 런던의 교통로 중에서 가장 크고 그와 같은 신참자들의 눈을 단번에 사로잡는 것은 단연 이 도시의 여행, 상업, 풍경의 주요 동맥이었던 템스 강이었다. 외부 방문객들은 아름다운 백조들이 우아하게 떠 있는 템스 강의 풍경에 대해 종종 이야기했다. 이 우아한 새들은 시의 보호를 받고 있었으며, 새를 죽인 사람은 많은 벌금을 물어야 했다. 백조들과 함께 템스 강을 수놓는 것은 훼리라고 불리는 작은 거룻배였다. 약 2,000척의 훼리 뱃사공들은 "동쪽으로 영차!" "서쪽으로 영차!" 소리에 맞춰 노를 저어서 승객들을 상류나 하류로 날라주었다. 강 위에는 여객이나 화물을 빽빽이 채운, 노나 돛으로 움직이는 더 큰 배들도 있었다. 배에서 내린 사람들은 선술집이나 여관으로 들어가 고기 파이나 구이에 과일 타트(과일 등을 얹은 작은 파이-옮긴이), 치즈, 포도주 등으로 기분풀이를 했다.

배를 타고 런던 브리지에서부터 상류로 올라가면, 왼쪽으로 감옥들, 곰 투기장과 투우장, 극장들이 모여 있는 평판 나쁜 사우스워크 자치구를 생생하게 볼 수 있었다. 북쪽

NEWE FISHESTREETE

REGRATERS

런던에는 파는 물건의 이름을 따서 지어진 거리 이름이 많았다. 생선가게들이 즐비하게 늘어서 있는 이 그림은 시장 질서를 어지럽히는 매점자들에 대한 보고서에 실려 있던 것이다. 매점자들은 한 시장에서 물건을 산 다음, 그것들을 같은 시장이나 가까운 시장에 훨씬 높은 가격을 붙여 되팔았다. 경제법령을 집행하기 위해 정부는 정보 제공자에게 의존했다.

강둑의 오른쪽은 세인트폴 대성당이 이 도시와 어울릴 만한 모습으로 위용 있게 서 있었다. 궁정인들은 여기서 상류로 조금 더 올라간 곳에서 하선한 다음 계단을 밟고 올라갔다. 이 계단들은 스트랜드로 알려진 아름답고 웅장한 저택가로 이어졌다. 한때 카톨릭 고위 성직자들의 소유였던 대저택들은 이젠 귀족들과 성공한 런던 시민들이 점령하고 있었다. 가까이에는 여왕의 아버지가 요커의 주교에게 몰수해서 재건축한, 유럽에서 가장 큰 왕실 휴식처인 화이트홀 궁이 있었다.

템스 강에서 바라본 화려한 런던 풍광에 어린 데이비드 베이커는 감탄사를 연발했을 것이다. 하지만 북적거리는 거리 속으로 뛰어들지 않고는 이 도시의 진가를 제대로 감상할 수 없었다. 식품 조달업자들은 거지들과 소매치기들과 사귀고, "파이요, 고기 파이요!" 하고 손님을 유혹하는 파이 장수 목소리에, 굴, 빵, 오렌지, 치즈, 케이크와 푸딩 장수들의 목소리가 섞여들었다. 물 운송자들은 런던의 지하수를 끌어올려, 손잡이가 달린 커다란 나무잔에 신선한 물을 담아 팔았다. 치프사이드는 이 도시에서 가장 눈을 즐겁게 하고 입맛을 다시게 만드는 주요 가도였다. 런던 브리지 북쪽에 위치한 이곳은 남동쪽에서 북서 방향으로 뻗어 있었는데, 한마디로 도시의 심장을 관통하고 있었다. 차양으로 그늘을 만든 노점상들이 발 디딜 틈 없이 들어찼고, 그곳의 진열대 위에는 런던의 특산품들뿐만 아니라 부자들의 정원과 동물원을 위한 살아 있는 공작새와 원숭이 등 이국적인 수입품들이 행인들의 시선을 사로잡았다.

치프사이드에는 또한 호화스러운 상점들과 주택들도 있었는데, 특히 골드스미스 로 구역엔 아름다운 가게들이 많았다. 다른 장소들은 구미가 덜 당기는 장사꾼들이 자리를 잡고 있었다. 푸줏간들은 세인트 니콜라스 샘블스 북서쪽에 밀집해 있었고, 헌옷 행상인들은 북동쪽의 하운즈디치에 몰려 있었으며, 세인트폴 대성당의 서쪽 플리트 스트리트에는 출판업자들과 선술집 관리인들, 꼭두각시를 부리는 사람들이 한데 섞여 북적거렸다. 그밖에 밀크 스트리트, 브레드 스트리트, 뉴 피시 스트리트와 같은 다른 대로들은 정확하게 그 이름이 암시하는 물건들을 팔았다.

간선도로에서 좀 떨어진 좁은 골목으로 들어가면 가난한 도시 노동자들의 비좁은 집들이 닥지닥지 붙어 있었다. 그곳 사람들은 쓰레기를 집 밖으로 마구 내던졌으며, 여기에 보행자들까지 함부로 소변을 누어 악취를 풍기는 데 기여했기 때문에, 더러운 뒷골목들은 '피싱 앨리(소변 골목)' 또는 '스팅킹 레인(악취가 풍기는 골목)'이라는 별명을 얻었다. 이러한 조건에서는 언제 전염병이 돌지 몰랐으며, 대형화재의 발생과 범죄의 두려움도 컸다. 부자들은 밤

외출을 할 때면 횃불을 드는 하인들을 동반해서 어둠 속에 숨어 있는 공격자들을 피하려 했다.

하지만 이러한 위험도 데이비드 베이커처럼 열정적인 젊은이나 야심에 찬 어른들이 런던으로 향하는 발걸음을 막지는 못했다. 엘리자베스 시대 런던의 인구는 급속도로 팽창해서 1587년엔 10만 명이 넘었다. 런던은 잉글랜드 내에서는 비교를 불허할 뿐 아니라 유럽에서도 가장 큰 도시의 하나가 되어가고 있었다. 엘리자베스는 전염병의 창궐과 무질서를 우려해 7년 전 도시 성문에서 약 5km 이내에 건물 신축을 금지하는 법령을 내놓았다. 이미 런던에 자리잡은 사람 이외에 군식구들이 런던으로 전입하는 것을 금지하고, 런던에 들어온 지 만 7년이 되지 않은 하숙인들은 런던을 떠나라고 명령했다. 하지만 이 칙령은 실행 불가능한 것으로 증명되었으며, 엄청난 인구 유입은 계속 이어졌다. 런던은 잉글랜드의 정치와 사법의 중추일 뿐 아니라 주요 항구이자 시장이었다. 법률가와 돌팔이 의사, 음악가, 극작가, 시선을 잡아끄는 미복을 입은 신분 높은 젠틀맨, 변장한 예수회 수도사들이 소년 데이비드와 마찬가지 이유로 이 도시가 제공하는 비할 데 없는 기회를 낚아채기 위해 런던으로 모여들었다.

베이커의 경우 이 기회는 자선시설인 크라이스트 호스피털에서 펼쳐지게 될 것이다. 이곳은 엘리자베스의 동생 에드워드 왕이 가난한 사람들을 위해 고아원과 자선학교로 세운 왕립 자선시설로, 주로 기술교육을 가르쳤다. 하지만 예외적으로 자비를 들여 올바른 영어를 배우려는 학생들(베이커의 고향 사람들은 대부분 웨일스 말을 썼다)과 대학 진학 희망자들을 위한 고전 교육장으로도 이용되었다. 하지만 본질적으로 이곳은 자선시설이었다. 재학생들은 푸른색 유니폼을 입었는데, 그 이유는 푸른색 염료가 쌌기 때문이다. 소년들은 푸른색 긴 외투와 노란 스타킹을 신었다(노란색이 선택된 것은 이가 노란색을 싫어하기 때문이었다). 소녀들은 노란 페티코트 위에 푸른색 외투를 걸쳤으며, 남자들과 다른 건물에서 기숙했다.

　대학 진학을 준비하는 다른 소년들처럼 베이커는 여전히 모든 고등지식의 입문으로 여겨지는 라틴 어 시작(詩作)을 잘할 수 있게 되었다. 학생들은 프로테스탄트들이 좋아하는 영어 성경 구절들을 라틴 어로 번역하거나, 고전작품과 성서의 지혜가 담긴 긴 경구를 암기함으로써 라틴 어 쓰기와 말하기를 배웠으며, 도덕과 종교 등의 다른 공부도 했다.

　크라이스트 호스피털에서는 식사시간이 되면 식당으로 들어가 자리에 앉기 전에 학생 한 명이 교장이나 여교장이 보는 앞에서 영어 성경 한 장을 읽은 후에야 식사를 시작할 수 있었다. 이곳에서는 정기적으로 빵과 고기, 버터, 치즈, 맥주가 나왔는데, 맥주가 우유보다 몸에 좋다고 여겨졌다(한 권위자의 의견에 따르면 우유는 동물의 몸에서 나온 것인 만큼 어린 학생들을 "어리석고 멍청하게

17세기 초반 제작된 동판화. 템스 강은 런던에서 가장 복잡하면서도 간편한 교통로였다. 런던 브리지 서쪽 템스 강에는 돛단배나 노로 젓는 작은 배들이 많이 왕래했다. 템스 강 북쪽 끝에 있는 부두에서 내리면 도시에서 가장 번잡한 거리들로 연결되었다.
세인트폴 대성당은 1561년 낙뢰로 건물의 제일 윗부분이 떨어져나갔음에도 도시의 서쪽 지역 풍경을 압도하고 있었다. 이곳에서 강 바로 맞은편 사우스워크의 외곽지역에는 글로브 극장과 곰꿇리기로 유명한 베어가든이 자리잡고 있었다.

바꾸어버린다"라고 주장했다). 또한 학생들은 하루의 마지막 수업을 마치고 교실을 나갈 때는 합창을 해야 했으며, 잠이 들기 전에도 무릎을 꿇은 상태에서 학생 대표가 암송하는 기도문을 들어야 했다. 베이커는 성인이 된 후 이런 행위를 가리켜 "어리석고 가련한 종류의 신앙"이라고 했다.

일요일과 기독교 기념일에는 더 뜨거운 프로테스탄트적 신앙 표현을 볼 수 있었다. 베이커와 그의 동료들은 하루에 두 차례씩 교장이나 여교장 뒤를 따라 크라이스트처치까지 행진했다. 그들은 설교사의 말을 열심히 들으며, 나중에 선생님들에게 질문받을 것들을 필기했다. 이러한 설교 내용은 죄를 지은 사람들, 특히 이단에 빠져 방황하는 죄인들에 대한 철저한 교훈과 경고로 가득 차 있었다.

프로테스탄트는 엄격한 규율로 젊은 베이커에게 곧은길을 가라고 가르쳤

지만, 훗날 그는 자신을 가르친 프로테스탄트 교사들과 설교사들에게서 매몰차게 등을 돌렸다. 그는 옥스퍼드 대학에서 법률을 공부한 후 카톨릭으로 개종했으며, 잉글랜드를 떠나 베네딕투스 수도회 수도사를 거쳐 나중엔 사제 서품을 받았다. 이제 오거스틴 베이커가 된 그는 여생 동안 기도와 하루 여섯 시간의 명상을 하면서 보냈다. 그러는 중에도 그는 60여 편에 달하는 논문을 남겼으며, 말년에는 자신이 받았던 양육과 대화들에 대해서도 글을 썼다. 그는 자신이 런던에 처음 도착했던 날, 메리의 처형을 축하하며 밤을 환하게 밝혔던 런던의 화려한 축제를 슬픔과 비탄의 목소리로, "진정으로 신앙심이 깊은 모든 이들의 가슴에 증오를 심어준" "가치 없는 희열"이라고 표현했다.

런던에는 크라이스트 호스피털 이외에도 젊은이들과 가난한 사람들의 신앙과 행동의 틀을 잡아주려는 자선시설이 여러 군데 있었다. 이러한 시설을 후원하는 사람들의 동기를 살펴보면, 다른 사람에 대한 연민과 자비에의 충동도 있었겠지만, 사회신분을 유지하려는 욕망도 배제할 수 없었다. 부유층은 거지가 늘어나고 그와 더불어 범죄가 증가하는 사태를 우려했다. 그들은 크라이스트 호스피털 같은 시설이 가난한 사람들의 자식들을 사회에 유익한 구성원으로 바꾸어주길 바랐다. 하지만 가난한 사람들 대부분은 이미 배움의 시기를 놓쳤으며, 일꾼이 되기보다는 차라리 처벌이 따르는 일을 하는 걸 더 좋아했다.

급속도로 늘어나는 빈민 인구들 가운데 일정한 직업이

튜더 왕조 시대의 교실 안 풍경은 복잡했다. 교사가 자작나무 회초리로 학생에게 체벌을 하는 동안 다른 학생들은 계속 공부를 하고 있다. 다른 한쪽 구석에는 오른쪽에 보이는 '혼북'으로 ABC를 배우는 학생들이 보인다. 혼북은 문자가 붙여진 판을 보호하기 위해 동물의 뿔로 투명하고 얇게 덧붙인 데서 생긴 이름이다.

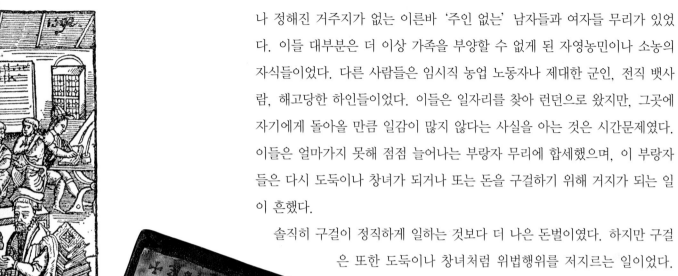

나 정해진 거주지가 없는 이른바 '주인 없는' 남자들과 여자들 무리가 있었다. 이들 대부분은 더 이상 가족을 부양할 수 없게 된 자영농민이나 소농의 자식들이었다. 다른 사람들은 임시직 농업 노동자나 제대한 군인, 전직 뱃사람, 해고당한 하인들이었다. 이들은 일자리를 찾아 런던으로 왔지만, 그곳에 자기에게 돌아올 만큼 일감이 많지 않다는 사실을 아는 것은 시간문제였다. 이들은 얼마가지 못해 점점 늘어나는 부랑자 무리에 합세했으며, 이 부랑자들은 다시 도둑이나 창녀가 되거나 또는 돈을 구걸하기 위해 거지가 되는 일이 흔했다.

솔직히 구걸이 정직하게 일하는 것보다 더 나은 돈벌이였다. 하지만 구걸은 또한 도둑이나 창녀처럼 위법행위를 저지르는 일이었다. 부랑자에 대해 언급한 법률 중에는 구걸하는 부랑자를 '질기고' '상습적인' 범죄자로 여긴 것도 있었다. 그렇기 때문에 런던의 걸인들이 벌을 받지 않으려면 진짜로 병이 들거나 불구가 되거나, 또는 적어도 그럴싸하게 보이도록 만들어야 했다. 엘리자베스 시대에 경찰과 시끄럽게 싸웠던 니콜라스 제닝스라고 하는 억센 악당이 쓴 전략도 바로 이것이었다.

1566년 어느 가을날 아침, 런던을 방문 중이던 켄트 출신의 작가 토머스 하먼은 여관 앞뜰에서 나는 시끌벅적한 소리에 잠이 깨었다. 그가 바깥으로 나가보니, '혐오스럽고 험상궂게 생긴' 사내가 여자들을 괴롭히며 자선을 호소하고 있었다. 사내는 넝마가 다 된 헐렁한 가죽 재킷에 '진흙탕에서 뒹굴다 나온 것' 처럼 더러운 스타킹을 신고 있었다. '꼬질꼬질 때가 낀 천을' 머리에 두르고 얼굴 일부만을 빠끔히 내놓았는데, 그 얼굴에서도 피가 줄줄 흐르고 있었다.

# | 구빈법의 통과 |

1571년 정기의회에서 의원들은 경악했다. 빈민층이 늘고 있고, 부랑자의 수도 급증하고 있었기 때문이다. 일정한 수입원 없이 여기저기로 떠돌아다니는 부랑자들은 사회질서를 위협하는 존재들이었다. 문제는 이런 부랑자 대다수가 일을 할 수 있는 멀쩡한 몸을 가지고 있으면서도 거지가 되기 위해 게으름을 피운다는 것이 정부의 시각이었다.

이전의 법률들은 구걸을 엄격히 금지했다. 부랑자는 채찍으로 때린 후 그들의 고향 교구로 돌려보냈으며, 어린 부랑아들은 잡아서 도제조합에 집어넣었고, 심지어 사지가 멀쩡한 거지들을 노예로 삼는 걸 허용하기도 했다. 하지만 많은 잉글랜드 사람들은 노예의 주인이 되는 걸 원치 않았기 때문에, 정부는 이전 법률들을 폐기했다.

1572년 새로운 부랑자 법령이 제정되었다. 형벌이 강화되었으며, 부랑자 범주도 확대되었다. 손금 보는 사람, 마법사, 무면허 치료사, 떠돌이 땜장이, 심지어 떠돌이 음유시인인 민스트럴까지도 이제는 부랑자로 정의되었다. 초범은 회초리와 귀에 낙인을 찍는 벌을 받아야 했으며, 재범자는 재빨리 주인을

찾아내지 못하면 교수형에 처해졌다. 4년 후, 정부는 런던의 브라이드웰을 모델로 잉글랜드 전역에 일 없이 빈둥거리는 사람들을 수용할 수 있는 교도소를 세울 것을 명령했다.

한편 정부는 '경제적 원조를 받아야 할 만큼' 가난한 사람들이 있다는 현실도 인정했다. 1570년 노리치에서 실시했던 한 인구조사에서는 그 도시의 빈민 대다수가 노동자 가족이었음을 보여주었다. 의회는 여러 차례 논의 끝에 1572년 역사적인 첫걸음을 떼기 시작했는데, 개인에게 소득세를 과세해서 빈민층 가장들에게 주급을 주는 재정을 확보한다는 법률안을 제정한 것이다. 이 법률은 1576년에는 직장이 없는 사람들에게 원료를 공급해주고, 그들이 만들어낸 제품을 다시 사들이는 방식으로 발전했다.

1590년대 계속된 흉작의 여파로 폭동과 범죄, 기아가 기승을 부리자 이 법령은 더욱 강화되었다. 하지만 이 무렵이 되면 케케묵은 '가난의 문제'에 대한 완전히 새롭고 색다른 해결책이 나왔다. 그것은 "문제를 일으키는 골칫덩어리 넝마들을" 배에 실어 신세계로 보내는 것이었다.

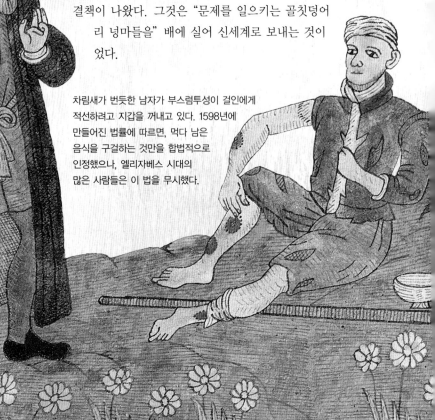

차림새가 번듯한 남자가 부스럼투성이 걸인에게 적선하려고 지갑을 꺼내고 있다. 1598년에 만들어진 법률에 따르면, 먹다 남은 음식을 구걸하는 것만을 합법적으로 인정했으나, 엘리자베스 시대의 많은 사람들은 이 법을 무시했다.

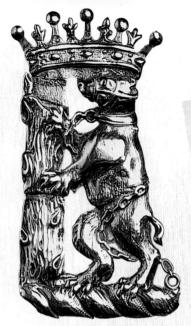

더들리 가의 가문(家紋)은 곰과 지주(支柱)였다. 위에 있는 은배지는 엘리자베스 여왕이 로버트 더들리가 설립한 구빈원에 하사했던 13개 중 하나이다. 많은 중소도시와 교구, 그리고 길드는 나이 든 가난한 사람들을 수용하는 구빈원을 운영했다.

런던의 부랑자는 몇 펜스만 주면 인지와 서명이 든 가짜 여권(위)을 구입할 수 있었다. 가난한 여행객들은 행선지와 여행 목적이 명기된 이 공증서를 항상 소지하고 다녀야 했다. 이 문서가 있으면 채찍을 맞거나(아래) 교수형을 당하는 것에서 보호받고 경유지의 지역 공동체에 도움을 요청할 수 있었다.

하면은 거지에게 어쩌다가 이렇게 몹쓸 처지가 되었는지 물어보았다. "저는 발작을 일으키는 슬프고도 고통스러운 병에 걸렸습니다." 거지가 언급한 병은 바로 간질이었다. "저는 강변에 있는 아주 더러운 뒷골목에서 뒤로 넘어졌습니다. 그리고 거의 하룻밤을 그대로 쓰러진 채 제 몸에 있는 거의 모든 피를 쏟아내고 말았습죠."

하면이 물을 줄 테니 몸을 깨끗이 씻으라고 하자 거지는 거절했다. "제가 몸을 씻는다면, 전 다시 피가 나도록 넘어져야 합니다" 하고 거지가 설명했다. 하면은 이상한 생각이 들어서 무슨 특별한 이유라도 있는지 캐물었다. 거지는 자기 이름을 니콜라스 제닝스라고 밝히고 베들레헴 호스피털에서(그냥 베들램으로도 통했다) 1년 반 동안 갇혀 있었다고 했다. 그곳은 정신병자를 수용하기로 악명 높은 곳이었다. 가난한 환자들은 치료는커녕 툭하면 얻어맞기 일쑤였으며, 색다르고 야릇한 광경을 구경하고 싶어하는 런던 사람들이 종종 가는 곳이기도 했다. 하면은 제닝스의 말이 사실인지 시험하기 위해 베들램의 관리인이 누군지를 물었다. 제닝스는 "존 스미스입니다"라며 잉글랜드에서 흔해빠진 이름을 댔다.

하면은 제닝스를 보내주었지만, 곧 조사에 착수했다. 제닝스에게는 불행하게도 하면은 파렴치한 거지들에겐 원수 같은 존재였던 것이다. 그는 사람들에게 부랑자들이 흔히 간질이나 마비, 미친 사람 흉내를 내거나, 장님이나 귀머거리나 벙어리인 척하면서 사기를 치니 조심하라는 글을 쓰는

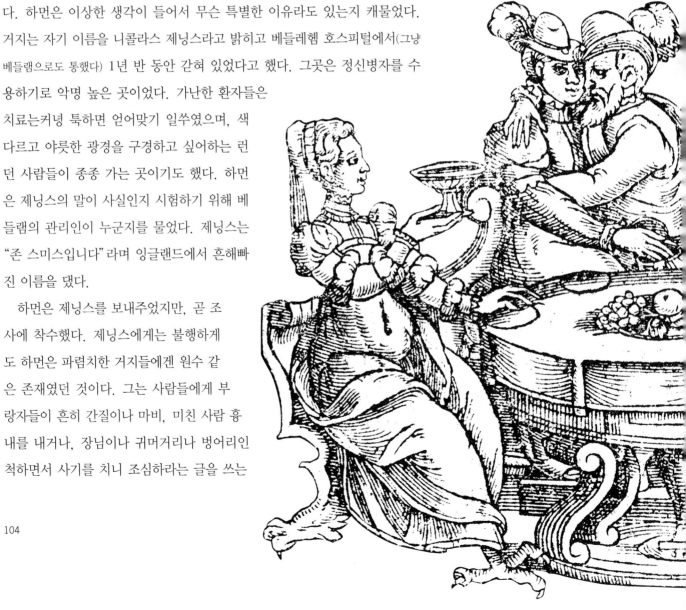

사람이었다.

부자와 고급 창녀들의 식사 장면. 가운데 창녀가 고객의 지갑을 꺼내려 하고 있다. 런던의 섹스 산업은 번창해서 템스강 남쪽 강변에는 100군데가 넘는 매음굴이 들어설 정도였다. 매음굴 앞에는 광고판이 설치되어 배를 타고 여행하는 잠재적인 고객들을 유혹했다.

베들램에 알아본 결과, 존 스미스라는 이름의 관리인도 없으며 니콜라스 제닝스와 비슷한 사람이 수용된 적도 없었다는 사실이 밝혀졌다. 의혹은 굳어졌고, 하먼은 자신의 출판업자 윌리엄 그리피스에게 그 거지를 잡는 일을 도와달라는 편지를 보냈다. 훗날 하먼이 회상하기를, 그리피스는 곧바로 소년 2명을 붙여 제닝스를 미행하게 했는데, 제닝스가 으스스한 뒷골목으로 들어가더니 "주머니에서 핏물을 꺼내 얼굴에 새로 묻혔다"고 했다.

제닝스가 사기극을 꾸미고 있다는 확증이 생기자 그리피스는 직접 그를 찾기로 했다. 그는 템스 강 건너편 런던 남쪽의 살벌한 빈민구인 뉴잉턴으로 가서 경관에게 신고했다. 경관은 거지를 붙잡았고 그는 죄수를 우리에 처넣은 다음 밤새도록 거리 한복판에서 고생시킬 생각이었다. 경범죄를 저지른 죄인들을 일시적으로 가두는 데 사용되었던 이러한 우리에는 축축한 지푸라기만 깔려 있었다. 밤이 되면 기온이 뚝 떨어질 게 분명한 계절이었기 때문에, 그리피스는 경관에게 하룻밤 숙박비를 받는 대신 경관 집에서 편안하게 잠을 재우는 게 어떻겠느냐고 제안했다. "그놈 오늘 꽤 많이 벌었을 것입니다. 잠시 당신 집에 가두어놓죠."

그 경관의 집에서 그리피스와 경관은 억지로 제닝스의 넝마를 벗겼는데, 그 과정에서 밖에서는 보이지 않는 비밀 주머니와 상당한 현금을 찾아냈다. 두 사람은 목마르다고 사정하는 거지에게 독한 맥주 3잔을 마시도록 허락해주었다. 경관은 다른 범인을 잡아야 한다며 아내와 하인에게 제닝스의 감시를 맡기고 집을 나갔다. 얼마 지나지 않아 제닝스는 그 집의 안주인에게 뒷마당에 가서 '물을 빼내고 내장을 비워내는 걸' 허락해달라고 사정했다. 젊은 남자가 벌거벗은 몸으로 도망갈 리 없다고 믿은 그녀는 그에게 바깥 공기로 기운을 차리도록 해주려고 빗장을 풀고 문을 열어주었다. 그때였다. 놀랍게도 제닝스는 '태어났을 때처럼 벌거숭이 몸으로' 달아났다. 제닝스가 이번엔 법망을 벗어났지만, 다음번엔 결코 그렇게 쉽게 끝나지 않았다.

2개월 후, 출판업자 그리피스는 새로운 사기극을 꾸미고 있는 제닝스를 발견했다. 이번에 그는 검은색 외투에 값비싼 리넨 셔츠, 반짝거리는 새 스타킹으로 잘 차려입고 모자 제조공 행세를 하면서, "오늘밤 하숙비만 벌 수 있다면 내일 당장 모자 상점에서 일을 찾아보겠다"며 사기를 치고 있었다. 제닝스는 분명히 부랑자 냄새가 거의 나지 않는 사람을 성가시게 할 경관은 없을 것이라고 마음을 놓았던 것이다. 사실 그는 사기꾼으로 한창 잘 나가고 있었다. 그리피스가 나중에 조사한 바에 따르면, 제닝스는 런던 교외에서 아내와 함께 "예쁜 집에서 온갖 가재도구, 즉 멋진 철제 탁자와 식기장에는 백랍 그릇까지 갖추고" 살고 있었다. 아무튼 그때 출판업자는 제닝스를 잡아 손바닥으로 그의 등판을 치면서 치프사이드에서 웃음거리로 만들었다. 제닝스는 몇 시간 동안 사람들에게 온갖 창피를 당한 후에야 풀려났다. 하지만 그 다음엔 거리에서 채찍을 맞으며 교도소로 끌려가야 했다.

제닝스와 비슷하게 사람들을 괴롭히다가 발각된 사기꾼들 중에 주디스 필립스란 여자가 있었다. 그녀는 런던 사람이 흔히 믿는 미신인 '커닝우먼'을

'커닝우먼' 주디스 필립스가 고객에게 재갈을 물린 다음 등에 올라타 몰고 있는 이 장면은 요정의 여왕을 불러내어 보물이 숨겨져 있는 장소를 찾으려는 의식으로 추정된다. 필립스와 다른 사기꾼들은 엘리자베스 시대의 미신들을 이용해 사람들의 재산을 갈취했다.

이용했다. 이를테면, 자기는 숨겨진 물건을 찾아내고, 미래를 예언하며, 마술로 병을 낮게 하고, 요정 여왕의 힘으로 정력을 회복시켜주는 등의 마술 능력을 가진 커닝우먼이라고 속이고 다녔던 것이다. 그녀는 소개장을 들고 런던의 나이 많은 과부 마스칼에게 접근했다. 그전에 과부의 친구로 자처하는 한 남자가 과부에게 "주디스를 잘 이용하면 큰 부자가 될 수 있다"고 충고했다. 아무튼 과부는 이 말에 깜빡 속아 커닝우먼을 집으로 초대했다. 놀랍게도 필립스는 과부의 손금을 읽으며 족집게처럼 그녀의 과거에 대해 맞추었다. 그리고는 아주 그럴싸한 목소리로 "당신 집에는 돈이 숨겨져 있군요" 하고 말했으며, 이 보물을 끌어내려면 금붙이를 이용해 숨어 있는 다른 금을 끌어내야 한다고 알려주었다.

과부는 집에 있는 금과 금이 붙은 보석류를 열심히 찾아내어 필립스에게 주었다. 필립스는 소중한 보물들을 뜨개질로 짠 주머니 속에 집어넣고는 주문을 외며 이상한 요술을 부렸다. 그리고 분명히 주인에게 그 주머니를 돌려주면서, 절대로 사흘 동안 주머니를 풀지 말라, 그래야만 금이 눈에 보이지 않는 신기한 힘을 발휘해 숨어 있는 보물들을 끌어낼 것이라고 말했다. 커닝우먼이 집을 나간 후 비로소 정신을 차린 과부는 얼른 주머니를 풀어보았다. 놀랍게도 그 안에는 돌멩이만 가득 담겨 있었다. 마스칼은 당장 경찰에 신고했다. 필립스는 욕심을 버리지 못하고 더 챙길 것이 없을까 하고 과부 집에 들렀다가 덜미가 잡히고 말았다.

심문이 시작되었다. 필립스는 예전에 과부에게 구혼했다가 거절당한 남자와 공모해 과부의 재산을 가로채기 위해 저지른 일이라고 털어놓았다. 그 남자의 친구가 소개장을 위조해주고 사기 칠 대상에 대한 정보도 알려주었다고 했다. 필립스는 금붙이와 바꿔칠 돌멩이들을 미리 준비해갔다. 결국 필립스는 기만죄 또는 사기죄가 적용되어 제닝스가 그랬던 것처럼 매를 맞으며 런던 거리를 돌아다녀야 했다.

체벌은 고생스럽기는 했지만 징벌이 빨리 끝난다는 점에선 차라리 좋았다. 범법자들은 체벌보다 장기복역수가 되는 걸 더 두려워했다. 그들은 런던에 있는 음산한 감옥들이나 템스 강변에 자리잡은 무섭고도 큰 교도소 브라이드웰로 보내졌는데, 제닝스가 보내진 곳이 바로 브라이드웰이었다. 이곳은 한때 튜터 왕조의 궁전이었다가, 1550년대에 제닝스 같은 범죄자들을 포함해서 '도시의 가난한 사람과 게으른 사람들'의 갱생을 위한 런던의 첫 교도소로 바뀌었다. 수감자들은 노동을 통해서 보다 나은 인간으로, 정직하게 살아가는 인간으로 거듭나야 했다. 그러나 브라이드웰로 보내진 협잡꾼, 경범죄를 저지른 사람, 매춘부들 중에서 노동을 통해 개선된 인간들은 많지 않았다. 오히려 그들은 직업이 없다는 것 외에 다른 죄는 짓지 않았던 감수성이 예민한 젊은이들에게 나쁜 기술을 가르쳐주었을 뿐이었다.

브라이드웰에서 니콜라스 제닝스는 아마도 작업 감독관 밑에서 일했을 것이다. 어쩌면 하루종일 방아를 밟아서 곡물을 빻는 노동을 했을지도 모른다. 만약 그에게 운이 따랐다면, 그는 힘을 조금 덜 쓰는 일, 기상과 취침을 확인하거나 못을 박거나 철조망 치는 일 따위를 했을 것이다. 그가 어떤 노동을 했든지 간에, 그는 분명 게으름을 피우거나 꾀병을 부리진 않았을 것이다. 그곳은 폭력이 비일비재했기 때문이다. 법을 준수하는 많은 런던 시민들은 부도덕한 인간들을 거리에서 쫓아내는 걸 기뻐했으며, 범법자들이 정말로 보다 나은 인간으로 거듭 태어나지 못할 바에야 차라리 호된 징벌을 받기를 원했다. 이런 맥락에서 교도소의 매춘부들이 채찍을 맞는 장소는 런던 시민들에게 좋은 구경거리를 제공했다. 아무튼 브라이드웰은 잉글랜드 전역에 있는 다른 교도소들에게 '브라이드웰처럼만 하라'는 모델 역할을 톡톡히 했다.

하지만 모두가 동의하지는 않았다. 한 비평가는 부랑자들을 즉시 체포·구금하는 브라이드웰의 행태가 〈마그나 카르타〉에 위반된다고 주장했다. 13세기 잉글랜드 귀족들의 주장에 의해 발령된 이 인권헌장은, "자유인은 왕국의 법률이나 그에 버금가는 적법한 재판에 의하지 않고는 체포되거나 구금되지 않는다"고 약속하고 있었다. 그리고 브라이드웰 외부의 다른 반대자들과 브라이드웰의 감독관들에게는 더 많은 이기적인 이유가 있었다. 혈기 넘치는 젊은 남자들 중에는 자기가 좋아하는 창녀들을 풀어주기 위해 대담하게 교도소를 공격하기도 했다.

브라이드웰은 부패의 온상이었다. 회계원들은 돈을 빼돌렸고, 다른 사람들은 물품을 빼돌렸다. 1600년경에는 방아 운영권을 따낸 사람이 원래 규정을 어기고 런던에 있는 다양한 자선시설을 위해서가 아니라 자신의 맥주 양조장을 위해 곡물을 빻았다는 것이 밝혀졌다. 그로부터 몇 년이 지난 후 런던 시민 4명이 이 교도소의 경영 관리권을 인수받은 다음 교도소는 완전히 이상한 곳이 되어버렸다. 주거가 일정하지 않은 부랑자들 대부분이 풀려났고, 그들을 가두었던 감방은 세를 놓았다. 아직까지 밖으로 나가지 못한 죄수들은 아무런 보살핌을 받지 못한 채 굶어죽어갔다. 하지만 매춘부들은 계속 일하고 있었다. 그들은 한 지배인의 막사에서 열심히 장사를 했으며, 수입의 일부 혹은 전부를 관리인을 빙자한 악당들에게 바쳤다.

시당국은 이러한 부패가 아무런 제재도, 논쟁도 없이 만연하도록 내버려둘 수 없었다. 그러나 결과부터 말하면, 관리자들은 계약권을 상실했지만 어떤 처벌도 받지 않았다. 직무유기라는 욕을 얻어먹었을 뿐, 잉글랜드 법률을 어기는 범죄를 저지른 것은 아니었던 것이다. 처벌이란 니콜라스 제닝스 같은 악당들만 받는 것이었다. 그는 형량을 채운 후에는 '정직하고 열심히 일하는 사람'이 되라는 훈계를 받고 브라이드웰에서 석방되었다.

생계를 위해 '진짜' 일하기란 결코 쉬운 일이 아니었다. 많은 런던 시민들은 가정집의 하인으로 일했는데, 이들의 미래는 변덕스러운 주인의 마음에 달려 있었다. 하인들은 언제라도 이런저런 이유로 해고될 수 있었으며, 특히 부도덕한 행실은 일의 특성상 쉽게 빠져들 수 있는 해고사유가 되었다. 성적 충동이 고삐 풀린 듯 드세어지는 15세에서 25세 사이 대부분의 청년들은 은밀한 쾌락의 유혹을 받았다. 이들 중 소수만이 결혼이 허용되었기 때문에, 나머지는 금욕생활을 하거나 간통에 연루될 수밖에 없었다. 여자들의 경우에는 정숙하지 못하다는 이유로 해고되거나, 브라이드웰 같은 곳에서 갱생의

남자로 분장한 다른 사람을 '스탕(stang)'이라고 부르는 막대기에 태운 다음, 종·피리·냄비·프라이팬 등으로 장단을 울리며 마을길을 행진했다. 아래 부조에서 막대기를 타고 있는 사람이 직접 피리를 부는 것을 볼 수 있는데, 그는 드센 아내에게 휘둘린 남편의 대역일 것이다.

시기를 보내야 했다.

고용주의 욕망의 대상이 된 하인들은 '항복, 아니면 거절'이라는 궁지에 몰렸다. 여자들뿐 아니라 남자들, 그리고 개인 하인과 같은 입주 고용인들은 호색적인 주인이나 안주인의 비위를 맞추면서도 자신의 명예를 지키기 위해서는 아슬아슬한 줄타기 같은 삶을 살아야 했다. 이들 입주 고용인들이 어떤 낭만적인 위험에 처했는지는, 당당하게 성공하기 전까지 부자들의 환상에 비위를 맞추어야 했던 재능 많은 미남 음악교사 토머스 와이손의 이야기를 들어보면 잘 알 수 있다.

만약 토머스 와이손이 다른 시대에 태어났더라면 입주 고용에 따르는 곤경을 피할 수 있었을지도 모른다. 그의 아버지는 서머셋셔의 자영농이었지만, 자식들 전부를 뒷바라지해줄 만한 형편은 못 되었다. 그래서 어린 토머스는 옥스퍼드 근방에 살던 너그러운 친척 아저씨 집에서 지내야 했다. 조카에게서 음악적 재능을 발견한 삼촌은 그를 옥스퍼드로 보내 음악공부를 시켰다.

## | 주부의 비법서 |

곡물 식품이나 베이컨으로 간단하게 아침식사를 마친 한 가정의 안주인, 곧 '주부'는 돌아서서 가족의 가장 중요한 식사인 점심 메뉴를 무엇으로 할까 고민했다. 만약 손님을 초대한 날이거나 신선한 재료 공급이 어려운 겨울철이라면, 그녀는 필사본이나 인쇄된 '비법서'를 펼쳤을 것이다. 솜씨 좋은 주부라면 병아리구이나 쇠고기구이 정도는 쉽게 만들 수 있었겠지만, 그날의 주요리 파이에 집어넣을 복잡한 고명을 만들거나 오래된 양고기 냄새를 없애줄 얼얼한 소스를 만들어야 한다면 특별한 비법이 필요했을 것이다.

비법서는 또한 주부들에게 가장 큰 도전 과제인 육류의 보존방법과 1년 중 153일을 차지하는 '금육재일(fish day, 카

톨릭 신자들이 영적·도덕적 성장을 위해 육식을 금하는 날—옮긴이)'의 상차림을 위한 다양한 요리개발에도 도움을 주었다. 그 전에는 고기를 소금에 절여 보관했지만, 비법서에는 버터를 겹겹으로 바른 송아지고기에 월계수 잎과 식초에 절인 돼지고기처럼 입맛을 돋우는 대안요리들을 소개해놓고 있었다. 뜨거운 물에 풍덩 집어넣고 끓여서 먹기만 했던 생선요리 대신, 뱀장어, 뭉근한 불에 졸인 굴요리, 그리고 구즈베리 고명을 얹은 고등어조림 등 좋은 날을 빛내줄 별식도 소개되었다.

부잣집에서는 비법서에 적힌 대로 신선한 채소들을 이용해 예술적으로 꾸며내는가 하면, 환상적인 샐러드를 만들

유리 식기, 맨칫이라고 하는 최고급 밀가루 빵, 포도주, 그리고 갖가지 가금류 요리가 차려진 부잣집의 식탁. 이탈리아에서 전해진 포크는 여자들이나 쓰는 도구라고 생각되었기 때문에 식탁에 오르는 경우가 드물었다.

## TO MAKE A MARROW~BONE PIE

To bake the best marrow~bone pie, after you have mixt the crusts of the best sort of pastes, and raised the coffin in such manner as you please; you shall first in the bottome thereof lay a course of marrowe of a Beefe mixt with Currants, then upon it a lay of the soales of Artichocks after they have been boiled and are divided from the thistle, then cover them over with marrow, currants, and great Raysons the stones pickt out; then lay a course of Potatos cut in thicke slices after they have beene boiled soft and are cleane pild; then cover them with marrow, currants, great raysons, suger and cinamon; Then lay a layer of candied Erringo roots mixt very thicke with the slices of Dates: Then cover it with marrow, currants, great reasins, suger, cinamon and dates, with a few damaske prunes, and so bake it; And after it is bakt power into it as long as it will receive it white wine, rosewater, suger, cinamon, and vinegar, mixt together, and candy all the cover with rosewater, and suger onely: And so set it into the oven a little, and after serve it foorth.

## TO MAKE A FOOLE

Take the top of the mornings milk, boile it with some whole mace & nutmeg cut in quarters, when you take it from the fire put in a piece of butter into it, then have manchet cut thin, & poure the Creame hot upon it; so let it stand till it bee almost cold, then put to it the whites of two eggs, & the yolks of five & some sugar & rosewater, & two spoonfulls of seck, & a little salt, mingle it altogether & straine it, & put some currance into it, put it in a dish & bake it, & so serve it. You must make the stuf no thicker than batter.

엘리자베스 시대 사람들은 설탕을 아주 좋아해서 풀(fool, 삶은 과일을 으깨어 우유 또는 크림에 섞은 것 - 옮긴이) 같은 후식뿐 아니라 포도주, 오믈렛, 쇠고기 파이 겉면을 만들 때에도 사용했다.

설탕에 절인 에링고 (상록 약용식물의 뿌리)와 최근 신세계에서 들여온 고구마로 파이를 만드는 조리법이 적혀 있다. 요리법 설명 중 파이 껍질을 '관(棺, coffin)' 으로 표현한 것이 이채롭다.

## DIVERS EXCELLENT KINDES OF BOTTLE ALE TO BE MADE WITH THE AFORESAID OYLES

I Cannot remember that ever I did drinke the like sage ale at any time, as that which is made by mingling two or three droppes of good oyle of sage, with a quart of Ale . . . And this waie a whole stande of sage Ale is speedily made. The like is to be done with the oyle of mace, or nutmegs . . . Some commend the hanging of a rosted Orenge prickt full of Cloves, in the vessell of Ale, till you find the tast thereof sufficiently mended to your owne liking.

어린아이와 어른 할 것 없이 식사 때 맥주를 곁들이는 경우가 많았다. 물은 장미나 허브를 넣어서 끓여낸 것이 아니면 대개 마시지 않았다.

어 먹기도 했다. 신선한 과일들(과일이 건강에 해롭다고 믿었던 중세의 사고방식은 더 이상 남아 있지 않았다)은 푸딩이나 시큼한 타트, 그리고 트라이플(포도주에 담근 카스텔라류—옮긴이) 같은 후식을 만드는 데 애용되었다. 후식 조리법에서 인기 있는 재료는 뭐니뭐니해도 말린 과일이었다. 한 외국 대사는 잉글랜드 인들은 잔칫날 요리를 만들 때 씨 없는 건포도를 구하지 못한다면 목매달아 죽을 사람들이라고까지 말했다.

그러나 이렇게 인쇄된 요리책은 가난한 사람들을 위한 것이 아니었다. 설사 그들 중 글을 읽을 줄 아는 사람이 있었다 하더라도 그 책이나 복잡한 요리법에 들어갈 외국산 재료를 구입할 형편이 못 되었다. 하층 사람들은 주로 흑빵과, 이른바 '흰 쇠고기'라고 불렸던 달걀과 유제품으로 만족해야 했다.

부엌에서 영감을 불러일으키는 이 요리책들은 또한 가정 치료법과 살림의 지혜를 위한 안내서 구실도 톡톡히 해냈다. 주부들은 복잡한 재료들을 구하기 위해 멀리 산으로 들로 헤매지 않아도 되었다. 그저 자기 집 정원에서 자라는 장미나 제

숙취를 없애고(아래) 미혼자들의 성욕을 억제하는(오른쪽) 음식 요리법. 주정뱅이의 증가와 새롭게 등장한 성병인 매독의 확산은 엘리자베스 정부의 큰 걱정거리였다.

## HOW TO MAKE DRUNKARDS LOATHE WINE

❧

To make common drunkards loathe and abhor wine, put a live eel in a wide~mouthed pot of wine deep enough to suffocate it. Give the strained wine to the drunkard to drink.

## ANTIDOTES TO VENERY

❧

If thy loins be too hot, anoint them with the oil of henbane or poppy . . . and do not . . . lie in a soft featherbed. Some there be which cool their privities in cold water, and find thereby a present remedy. They that drink the juice of water lily . . . 12 days together shall have no manner of desire to carnality. And therefore it is good for wiveless bachelors and husbandless maidens to drink.

비꽃을 따다가 그것들을 증류하고 말리면, 가루약이나 시럽, 그리고 알약들과 식사 전후에 손을 씻을 기분 좋은 '손 화장수'를 만들 수 있었다. 또한 번거롭게 약종상을 찾아가지 않고도 허브를 이용해서 '약초제제'를 만들기도 했다. 이슬과 지렁이, 달팽이는 이런 처방의 보급창이었다. 비법서에는 5월의 이슬과 달팽이 분비액은 눈의 통증을 완화시켜주며, 지렁이를 기름과 포도주에 끓이면 관절염 통증에 효과가 있는 약을 만들 수 있다고 씌어 있었다.

하루종일 음식을 만들고, 청소하고, 가정 주치의 노릇을 하느라 지칠 대로 지친 안주인은 시큼한 맥주와 우유에 빵 부스러기와 달걀 노른자를 섞어 만든 따뜻한 '코들'로 자신을 추슬렀다. 그리고 나서 침대에 로즈메리를 흩뿌린 다음 달콤한 잠 속으로 빠져들었다.

많은 비법서는 도시의 골목길에 버려진 쓰레기에서 생긴 해충과 벌레들을 박멸하는 방법을 소개하고 있다(오른쪽). 물론 위의 그림에서 보듯, 반갑지 않은 침입자를 직접 빗자루로 공격하는 용감한 여성들도 있었다.

## HOW TO KEEPE FLYES FROM OLE PEECES

Pricke a Cowcumber full of barley cornes with the small spiring ends outward, make little holes in the Cowcumber first with a woodden or bone bodkin, and after put in the graine, these beeing thicke placed will in time cover all the Cowcumber, so as no man can discerne what strange plant the same should bee.  Such Cowcumbers are to bee hung up in the middest of summer roomes to drawe all the flies unto them, which otherwise would flie upon the pictures or hangings.

하지만 교회음악가로서 유명해지겠다는 일말의 희망은 토머스가 어렸을 때부터 이미 시작되었던 잉글랜드 종교개혁으로 꺾일 수밖에 없었다. 대부분의 프로테스탄트 교회는 오르간과 성가대의 합창을 없애고 대신 회중들의 찬송을 부르기 시작했다. 그만큼 교회음악가들이 설 땅이 줄어들고 있었기 때문에 와이손은 개인 음악교사를 선택할 수밖에 없었다.

와이손은 20대 초반에 개인 음악교사 자격으로 런던의 어느 대저택으로 들어갔다. 그의 마음속에는 예술을 향한 더 큰 포부와 열정이 있었겠지만, 겉으로는 쾌활한 척했으며, 그 자신의 설명을 빌리면 주변의 많은 여자들에게 인기가 있었다고 한다. 어느 날 와이손이 평소 즐겨 타는 기턴(기타의 일종)의 줄 사이에 그집 하녀가 연시를 적은 쪽지를 끼워놓은 적이 있었다. 그는 상황을 조용히 마무리하기 위해 다정한 어조로 거절의 시를 적어 보냈다. 하지만 와이손이 훗날 자신의 추억을 기록한 글을 보면, 그 사건은 곧 "집안 전체에 알려졌고… 나를 부끄럽게 만들었으며, 그 소녀를 더욱더 부끄럽게 만들었다." 그 소녀는 당황했을 뿐 아니라 고통을 당했다. 소문을 들은 주인 부부가 그녀를 쫓아낸 것이다.

와이손은 불미스러운 사태를 피할 생각으로 같이 일하거나 또는 주인으로 모시는 여인들과 친구 관계를 유지하려고 애썼다. 그는 여인들과 '즐겁게 지낼 수는' 있었지만, 그들에게 '글이나 행동으로, 특히 행동으로' 연애 사업을 벌인 적은 없었다고 적어놓았다. 하지만 그의 이러한 처세도 여주인이 그에게 그 이상을 원해왔을 때는 그다지 소용이 없었다. 그는 어쩔 수 없이 부유한 미망인의 음악교사이자 하인이라는 두 가지 지위를 받아들여야 했다.

그는 한탄하는 어조로 하인의 운명이란 별로 중요하지도 않은 온갖 잡다한 일에 이리저리 불려다니는 워터 스패니얼(물새 사냥, 특히 오리 사냥에 쓰이는 털이 곱슬곱슬한 개 – 옮긴이)과 다를 바가 없다고 써놓았다. 더구나 그가 새롭게 맡은 임무, 즉 하인의 임무에서 가장 중요한 일은 미묘한 성질의 것이었다. 그의 여주인은 남자를 쩔쩔매게 만드는 것을 즐기는 여인이었다. 그녀는 "내가 인상만 살짝 찌푸려도 남자들을 사색이 되게 만들고, 곧 즐거운 표정으로 다시 그들이 마음 놓도록 만들 수 있다"고 자랑했다. 그도 곧 그녀의 희롱 대상이 되었다. 그는 일자리를 놓치지 않으려면 여주인이 원하는 대로 놀아주어야 한다는 것을 깨달았고, 차라리 그 상황을 최대한 이용할 생각이었다.

여주인은 분명히 그에게 관심을 보이는 다른 여자들을 질투하고 있었다. 와이손은 여주인에게 사랑의 시를 적어 보냈다. 그것은 그녀가 자기에 대해 이상한 마음을 품지 않도록 적절하고 다의적인 표현으로 헌신을 맹세한 시였다. 수법은 통하는 것 같았다. 여주인은 특히 그의 용모에 관심이 많았는데, 그에게 반지와 의복에 대해 충고를 해주었다. 그는 수줍은 표정을 지으며 만약 자신에게 좋은 의복을 살 돈이 있다면 오직 그녀를 위해서만 즐겁게 입겠노라고 말했다. 여주인은 현금과 비싼 천을 주어 그를 완전히 새 사람으로 변모시켰고, 그런 식으로 그는 귀중한 물건들을 많이 얻어냈다고 쓰고 있다.

와이손은 위험을 안고 사기 게임을 하고 있었다. 여주인에게는 기쁘게도, 그는 그저 '유쾌하고 재미있는' 남자일 뿐 아니라, '그녀에게 다소 거칠고 무례한' 남자이기도 했다. 그러나 그녀가 '뻔뻔스러움이 부족하다'고 조롱한 것으로 보아서 그는 충분히 거칠지는 못했던 것이 분명했다. 아무튼 음악교사로서는 충분히 멀리까지 밀어붙일 수 없었다. 두 사람이 주고받는 희롱은 이미 "집안에서 이야깃거리가 되고 있었으며", 정말 스캔들을 일으킬 경우 그의 명성에 흠집이 나고 암울한 미래만 남는 파멸로 이어질 것이라고 그는 썼다. 큐피드가 쏜 "불 같은 화살이 우리를 약간 데게 했다"고 인정하면서도 두 사람은 순결한 채 남아 있었다고 그는 주장했다. 종국에 여주인이 상당한 재산을 잃게 되어 그를 놓아줄 수밖에 없을 때에야 두 사람은 유혹에서부터 풀려날 수 있었다.

비록 와이손이 바람기 있는 고용주에게 잠시 둥지를 틀기는 했지만, 음악교사로 많은 돈을 벌지는 못했다. 그는 음악에 대해서는 잘 모르면서 순전히 집을 꾸미려고 악기들을 들여놓는 엘리자베스 시대 부잣집의 또 다른 장식품에 불과했던 것이다. 한편으로 생각하면 와이손 같은 음악가들이 있었기에 그 시대 사람들은 적어도 한 가지 이상의 악기 연주를 배울 수 있었다. 그중 류트는 그들이 열광적으로 좋아해서 노래 반주 악기로 많은 사랑을 받았다.

또한 많은 사람들은 여러 성부로 된 무반주 성악 합창인 마드리갈(madrigal) 수업도 받았다. 와이손은 잉글랜드에 마드리갈 음악을 유행시키는 데 일조한 사람이기도 했다. 1571년 그는 그동안 작곡했던 마드리갈 곡을 묶어 잉글랜드 최초의 마드리갈 책을 출판했으며, 곧 캔터베리 주교인 매튜 파커의 음악교사로 임명받아 오래 전부터 그토록 갈망했던 음악인이 되었다 (주교는 엘리자베스 여왕처럼 세속적인 음악을 좋아했으며, 영국 국교회에서 성가대와 오르간 연주를 보전하는 데 기여한 사람이었다).

젊은 시절 낭만적이면서도 불운한 사건들 때문에 그는 50세가 다 되어서야 결혼을 하고 안정된 생활을 누릴 수 있었다. 그는 죽는 날까지 음악에 헌신했다. 음악은 하나님이 "이 세상이 시작되기 전부터 그의 천사들과 대신들에

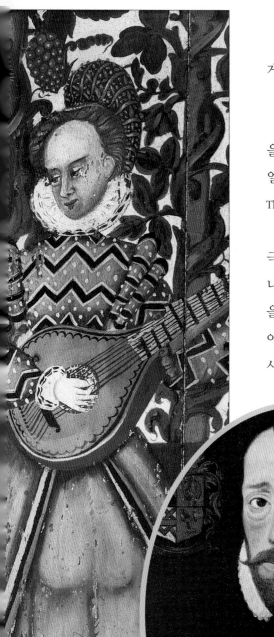

게 내려주신" 신성한 선물로 여기고 감사했다.

와이손처럼 음악에서 자신의 재능을 발휘하는 사람이 있었는가 하면, 연극을 통해 드러내 보이는 사람도 있었다. 와이손이 마드리갈 선집을 출판한 지 얼마 되지 않았을 때, 런던 교외에 최초의 상설극장, 이른바 '더 시어터(The Theatre)'라고 불리는 극장이 문을 열었다.

이 시어터가 큰 성공을 거두자, 곧 경쟁 극장들이 잇달아 등장했다. 이들 극장들은 저마다 극단을 운영하고 있었다. 이 마을에서 저 마을로 떠돌아다니는 유랑극단과는 달리 런던에 본거지를 두고 있는 흥행단들은 도시 관객들을 유혹하기 위해 새로운 레퍼토리를 끊임없이 개발해내야 했다. 극단들의 이러한 요구를 채워준 사람들 중에 대학이 아니라 무대에서 탁월한 언어 구사력과 드라마 기법을 갈고 닦은 뛰어난 극작가 그룹이 있었다. 벤 존슨은 이런 드라마 신동들 중 대표였다. 벽돌공 출신이었던 그의 작품은 상대적으로 그보다 좋은 교육을 받고 명성을 쌓아가고 있던 또 다른 극작가 윌리엄 셰익스피어의 작품과 쌍벽을 이루었다. 또 그의 인생 자체가 심신을 혹사시키며 탈출구가

왼쪽에 보이는 부부 이중주단 같은 아마추어 가수나 음악가들은 최신 마드리갈, 콘서트 송, 류트 연주 악보를 구하려고 부지런히 런던의 출판사들을 찾아다녔다. 부유한 사람들 가운데는 토머스 와이손(원 안)처럼 재능 있는 음악교사를 고용해 음악을 배움으로써 상류층의 교양을 쌓기도 했다.

119

보이지 않는 거친 삶을 통과한 한 편의 드라마이기도 했다.

벤 존슨은 아버지의 얼굴을 알지 못했다. 1572년 그가 태어나기 직전에 죽었기 때문이다. 그의 어머니는 채링크로스 출신의 벽돌공에게 재가했고, 소년의 인생도 회반죽을 개고 벽돌을 쌓다가 끝날 것처럼 보였다. 그런데 일가 친척 하나가 그를 웨스트민스터 수도원과 연합해서 여왕의 후원을 받고 있던 권위 있는 교육기관인 웨스트민스터 학교에 넣어주었다. 존슨은 그곳에서 고전문학의 세계에 빠져들었으며 뛰어난 학습능력을 보였지만, 장학금을 받지 못해 결국 16세에 학업을 그만두어야 했다. 잠시 의붓아버지 밑에서 기술을 배우던 그는 드디어 1590년대 초반 스페인에 저항하는 네덜란드 군대에 입대함으로써 권태로운 세계에서 돌파구를 찾아냈다. 그는 적의 진지 사이에서 두 차례나 단독 전투를 벌였고, 대담하고 인정사정 없이 적을 죽인 다음 시체의 비싼 갑옷과 무기들을 벗겨냈다.

집으로 돌아온 존슨은 결혼을 한 다음 런던에서 배우이자 극작가의 길을 걷기 시작했다. 군복무는 그에겐 더없이 좋은 경험으로 작용했다. 엘리자베스 시대의 배우들은 무대 안팎에서 말 그대로 전쟁을 벌였기 때문이다. 극단들은 최고의 배우를 잡기 위해 경쟁했으며, 경쟁 배우들도 선술집과 뒷골목에서 주먹다짐을 했다. 더구나 정부에 밉보이는 작품을 올렸을 경우엔 체포되거나 공연을 내릴 수도 있었다. 1597년 존슨은 다른 작가의 미완성작을 손질해서 무대에 올렸는데, 이것이 물의를 일으켰다. 〈개들의 섬〉이라는 제목의 이 연극은 여왕의 추밀원을 몹시 화나게 만들었다. 그들은 즉시 존슨과 이 공연에 관련된 다른 두 사람을 잡아들여 사우스워크에 있는 마셜시 감옥에 가두었다.

다른 단원들은 감옥에 가지 않기 위해 도망쳤고, 존슨은 그들을 보호하는 데 최선을 다했다. 다른 연극배우들이 갈 만한 곳이 어딘지, 극본에 참여했던 사람과 그 사본을 만든 사람이 누군지 묻는 심문에 존슨은 끝까지 입을

다물었다. 추밀원은 그 작품이 후세에 남지 못하도록 극본 사본을 전부 파기해버렸다. 그래도 존슨은 심문관들에게 '네' 아니면 '아니오'라고만 대답했으며, 이것을 훗날 자랑하고 다녔다. 답답해진 추밀원은 어떻게든 정보를 캐내기 위해 '흉악범' 2명을 그의 감옥에 집어넣었다. 하지만 극작가의 친구인 감옥 간수가 이 계략을 귀띔해준 덕분에, 존슨은 아무것도 발설하지 않을 수 있었다. 결국 추밀원은 런던에 있는 모든 극장을 몇 달 동안 폐쇄한다는 통고장을 발부한 후에, 존슨과 그의 동료들을 석방시켜주었다.

하지만 이 불 같은 극작가는 또다시 법정에 서야 했다. 1598년 가을, 그가 첫 성공작인 희극작품 〈십인십색〉으로 성공을 누리기 시작했을 때 살인죄로 체포되었던 것이다. '쇠와 강철로 만든 레이피어'라고 하는 3실링짜리 결투용 칼로 가브리엘 스펜서라는 배우를 죽인 혐의였다. 존슨은 스펜서가 결투를 강요했다고 주장했지만, 판사는 그의 살인을 고발하는 기소장에 더 귀를 기울였다. 존슨은 재판을 해봤자 나아질 게 없다고 판단하고, 일단 죄를 인정한 다음 '성직의 특전'을 주장해서 스스로를 구하기로 했다.

잉글랜드 법률에서 이 법망을 빠져나가는 고전적인 수법은 원래 13세기에 사제와 교회 서기들이 세속법정에서 기소되는 걸 보호하려는 교회의 주장으로 만들어졌다. 강간처럼 확정범만 아니라면, 피고인들은 자신이 성직자라는 사실을 증명해내면 교회법정으로 이송되어 재판받을 수 있었다. 처음엔 성직자를 구분해내는 시험이 엄격했지만, 나중엔 한 가지 기본 능력만 증명해 보이면 되었다. 바로 라틴 어 성경의 한 구절을 읽을 수만 있으면 되었던 것이다.

## | 서적상과 베스트셀러 작가 |

좋은 읽을 거리를 찾고 싶은 런던 시민들은 많은 서적상들과 출판업자들이 가게를 열고 있는 세인트 폴 대성당의 안마당으로 걸음을 옮겼다. 인쇄기술의 발달과 읽고 쓸 줄 아는 사람의 증가, 그리고 라틴 어 책뿐 아니라(라틴 어는 심각하고 어려운 내용의 글을 위한 언어로 여겨졌다) 영어책의 출판보급이 늘어나면서 그곳의 서적상과 출판업자들은 불황을 모르는 사업에 흥이 나 있었다. 소매상들이 공간을 더 넓혀줄 것을 요구하자 대성당측은 지하 납골당에 있던 유골들을 치우고 성당의 양쪽 끝에 있던 옥외변소 두 곳도 철거했는데, 이 때문에 인근 주민들이나 세인트폴 학교의 학생들은 불편을 겪기도 했다.

조판된 페이지에 잉크를 바르고 인쇄 종이를 준비하고 있는 2명의 인쇄공 뒤편으로 원고에 맞는 글자체를 상의하는 식자공이 보인다. 런던의 인쇄소에선 한 시간에 250장의 종이를 찍어낼 수 있었다.

서적상들은 고객을 끌기 위해 최근 출판한 책에서 가슴 뭉클한 구절들이 있는 페이지들을 벽과 판매대 앞에 붙였으며, 가게 밖에는 도제들을 세워두었다. 독서광들은 '불타오르는 별' '비둘기 세 마리' 등의 서점에서 각자의 주머니 사정과 기호에 맞는 책들을 골랐다. 막노동을 하는 사람들은 〈예수 그리스도가 12세였을 때〉 같은 인기 있는 발라드 모음집을 샀으며, 식별력이 있는 궁정인들과 숙녀들은 필립 시드니 경의 목가적 로맨스 〈아케이디아〉를 구입했다. 서적상들의 선반 위에는 성경, 문법책, 그리고 식물들의 파종 시기와 약의 복용과 관리, 성교에 대한 충고가 적혀 있는 책력들이 쌓여 있었다. 가정경영 서적들 또한 널리 읽혔는데, 그 내용 중에는 아내 구타나 복잡한 결혼 정리법 등도 있었다.

연극 애호가들은 싼값으로 좋아하는 희곡의 사본을 구할 수 있었다. 그러나

존 폭스가 생생한 삽화를 곁들여가며 쓴 순교자들의
이야기는 그 시대 가장 큰 영향력이 있는 책 중 하나였다.
책값이 점점 폭등했음에도, 엘리자베스 치세에
5쇄를 돌파하고 1만 부 이상이 팔렸다.

스톤헨지의 유골 발굴 장면을 묘사한
이 동판화는 〈브리태니아〉에 실려
있었다. 〈브리태니아〉는 벤 존슨의
스승이었던 윌리엄 캠던이
잉글랜드의 역사와 유물을 기록한 최초의
지지(地誌) 연구서로, 당시의 베스트셀러였다.

이런 사본들은 원본을 필사한 것이 아니라, 배우들의 기억력에 의지해 쓴 사본이거나 공연을 거듭하면서 휘갈겨 옮겨진 원고들일 때가 많았다. 예를 들면, 셰익스피어의 희곡 〈햄릿〉의 저 유명한 구절, "죽느냐 사느냐, 그것이 문제로다"는 "죽느냐 사느냐, 아, 그것이 중요한 것이다" 등으로 바뀌어버리곤 했다.

잉글랜드에서 가장 바쁜 독서가는 런던의 주교로서 그는 1586년 캔터베리 대주교도 겸하고 있었는데, 그의 조수들은 책의 내용이 정치적·종교적 정통성에 맞는지 검열했다. 엘리자베스 치세 마지막 10년 동안에는 허가받은 인쇄소와 카톨릭 비밀 인쇄소에서 발행한 책이 3,000종이 넘었다. 주교가 "이런, 인쇄업자들 때문에 내가 제명에 못 죽지" 하고 신세타령을 할 정도였다.

엘리자베스 시대의 뉴스 팸플릿들. '존 파이츠 경의 비극적이고 처참한 죽음'이라는 부제가 달린 오른쪽 위의 팸플릿은 죄 없는 사람 2명을 죽이고 자살하는 어떤 광인의 이야기가 실렸다. 오른쪽의 팸플릿은 흰족제비 형상의 귀신들에게 시중을 들고 있는 '마녀'의 이야기이다. 이 마녀는 나중에 다른 두 여인과 함께 교수형을 당한다. 범죄, 괴물의 출현, 무서운 폭풍우는 싸구려 책들의 인기 있는 소재였다. 정치나 국내 정세에 대한 소식들은 정부가 강력히 통제했기 때문이다.

떠돌이 행상들은 장날과 시장을 찾아다니며
팸플릿, 발라드집, 싸구려 책들을 팔았다.
관리들은 이들이 교황 절대론을 주장하는
책이나 반정부 불온서적을 숨기고 다닌다고
의심했는데, 이것은 터무니없는 의혹은 아니었다.

양동이로 물을 나르고 기다란 갈고리로 불길을 잡고 있는 사람들의
모습. 당시 많은 가옥이 '목재와 이엉지붕' 구조였기 때문에, 사람들은
대형화재를 다룬 이야기들에 짜릿한 공포감을 느끼며 빠져들어갔다.

이 능력은 전체인구 중 글을 읽고 쓸 줄 아는 사람들 대부분이 성직자들이었던 중세에서는 통했지만, 16세기에 이르면 교회와 직접 관련이 없는 많은 사람들도 그만한 능력을 갖추고 있었다. 하지만 애초부터 성직자가 될 수 없었던 여자들은 당연히 성직의 특전을 주장할 수 없었다. 대신 임신한 사실로 '태내에 있는 아이의 목숨을 주장' 할 수는 있었지만, 이것도 기껏해야 9개월만 유효했을 뿐이었다.

"하나님이여, 주의 인자를 좇아
나를 긍휼히 여기시며,
주의 많은 자비를 좇아 내 죄과를 도말하소서."

성직의 특전을 탄원한 사람은 라틴 어 성경 〈시편〉 51편의 첫 구절을 읽어야 했다. 〈시편〉 51편은 수많은 사람들을 교수형에서 구해주었기 때문에 종종 '면죄시(neck verse)'로 불렸으며, 그 영어 번역은 이렇게 시작된다. "하나님이여, 주의 인자를 좇아 나를 긍휼히 여기시며, 주의 많은 자비를 좇아 내 죄과를 도말하소서." 독서를 많이 한 존슨에게 이 정도 일은 아무것도 아니었으며, 그는 당연히 교수형을 면했다(글을 읽지 못하는 죄수들은 이 구절을 암기해서 자유를 찾았다). 그런데 문제는 교회재판으로 끝나는 것이 아니어서 존슨은 처벌을 완전히 면할 수는 없었다. 프로테스탄트 체제는 수천 명의 범법자들이, 아무리 형식적인 재판이라 해도, 특전을 계속 주장하는 것을 더 이상 용납하지 않았다. 당국은 그의 재산을 몰수했으며, 그가 성직의 특전을 한 번 주장했기 때문에 똑같은 주장을 다시 할 수 없다는 표시로 그의 왼쪽 엄지손가락 밑에 낙인을 찍었다.

사실 존슨이 프로테스탄트의 성직자로 증명되었다는 것 자체가 모순이었

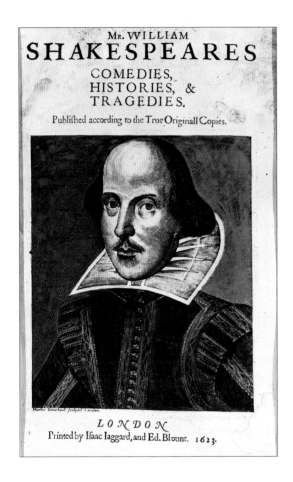

MR. WILLIAM
**SHAKESPEARES**
COMEDIES,
HISTORIES, &
TRAGEDIES.

Published according to the True Originall Copies.

*LONDON*
Printed by Isaac Iaggard, and Ed. Blount. 1623.

## 잉글랜드의 바드

윌리엄 셰익스피어는 1564년 문맹이었던 장갑 제조공의 아들로 태어났다. 가세가 기울어 13세에 학업을 끝마쳐야 했지만, 그는 지칠 줄 모르는 독서와 언어에 대한 예민한 감각으로 제도권 교육이 제공할 수 있는 이상의 것을 세상에서 배웠으며, 영국의 가장 위대한 극작가로 우뚝 올라섰다.

셰익스피어는 23세 무렵 런던으로 건너가 가장 유명한 극단이었던 체임벌린스 멘에서 배우와 작가생활을 시작했다. 1590년대 이미 그는 〈리처드 3세〉〈한여름밤의 꿈〉〈로미오와 줄리엣〉과 같은 역사극 · 희극 · 비극에서 문명을 떨치고 있었다. 1599년 이 위대한 바드(bard, 일반적으로 영웅과 그들의 행적에 대해 시를 짓고 낭송을 했던 부족의 시인 겸 가수를 가리키는 용어─옮긴이)는 글로브 극장의 주요 작가가 되었으며, 그 다음 몇 년 사이 그의 가장 위대한 비극인 〈햄릿〉〈오셀로〉〈맥베스〉〈리어 왕〉을 연이어 세상에 내놓았다.

엘리자베스 여왕이 죽은 후 셰익스피어는 제임스 1세가 후원하던 킹스 멘의 단원이 되었다. 발빠른 극장 투자를 한 덕분에 그는 1613년엔 고향 스트랫퍼드어폰에이번에 돌아갈 정도로 여유가 있었으며, 3년 후에 그곳에서 죽었다. 1623년 킹스 멘 단원들은 최초의 셰익스피어 전집을 출판했다(왼쪽). 최근 들어 셰익스피어가 이 모든 작품의 작가가 아닐 거라며 그를 깎아내리려는 시도가 있지만, 대부분의 학자들은 이러한 위대한 희곡들은 스트랫퍼드의 장갑 제조공의 아들이 쓴 작품이라고 확신하고 있다.

다. 그는 감옥에서 카톨릭으로 개종해서 영국 국교회와 멀어졌기 때문이다. 1606년 그는 다시 한번 교회법정에 소환되었는데, 이번엔 법이 요구하는 성찬식에 참석하지 않은 것이 죄였다. 존슨 자신은 '양심의 문제'로 성찬식을 거부했다고 고백했다. 그리고 이번엔 학식 있는 프로테스탄트들과 협의하고 그들의 논리를 깊이 생각해보겠다고 약속하면서 법망을 빠져나갔다. 그리고 몇 년이 지난 후, 그는 다시 프로테스탄트 양떼의 하나로 돌아갔다.

그사이 작가로서의 그의 명성은 점점 높아지고 있었다. 이것은 앞에서 토머스 와이손의 경력을 빛내주었던 똑같은 도구, 바로 출판인쇄업 덕분이었다. 존슨이 최초로 자신의 희곡집을 출판한 작가는 아니었다. 이미 셰익스피어와 다른 작가들의 희곡들이 활자화되어 나왔지만, 그것들은 오류가 많거나 출판업자에게 팔아넘긴 원고를 출판업자가 마음대로 사본을 찍어낸 불완전한 것들이었다. 1600년부터 존슨은 제목이 적혀 있는 앞장에 '처음에 지어진 그대로'라는 표시로 무대상연을 위해 각색되지 않은 작품임을 밝혔다. 이렇게 그는 단순한 극작가를 넘어서 '활자의 사람'이라는 평판을 추구했다. 그는 로버트 타운센드를 비롯해 다른 부자 후원자들로부터 사랑을 받았으며, 세월이 흐른 뒤에는 존슨 그 자신이 젊은 작가군의 보호자가 되었다. 그들은 스스로를 '벤의 아들들'이라고 부르면서 스승에게서 영감을 찾았으며, 이렇게 해서 전직 벽돌공은 그 도시가 자랑하는 하나의 문학적 기념비로 우뚝 올라섰다.

런던을 빛낸 벤 존슨과 윌리엄 셰익스피어, 그리고 다른 선각자들의 행적을 날카로운 눈으로 관찰한 사람 중에 존 매닝엄이라는 법학도가 있었다. 그는 이 도시, 그리고 이 도시를 이끌어가는 사람들에 대한 많은 이야기들을 자신의 일기에 상세히 기록했다. 그는 런던에 있는 네 군데 엘리트 법학원(Inns of Court)의 학생이었다. 법학원 학생들은 당대의 유명인들과 교유할 수 있는 특권을 누렸다. 벤 존슨은 이 법학원들을 "인문주의와 자유를 양육하는 왕국의 가장 고결한 육아실"이라고 했다. 매닝엄은 아마도 4개의 법학원 중 최고로 아름다운 미들 템플에서 당대의 젠틀맨으로서 전방위 학문이었던 법률을 공부하는 다른 학생들과 폭넓은 관심과 열정을 나누었을 것이다. 그들은 느긋한 속도로 공부했기 때문에 매닝엄은 그 도시의 유명인들과 식사하고 대화할 기회가 많았을 것이며, 그 결과 그들이 주고받는 농담과 조롱과 반박을 일기에 자세히 기록할 수 있었을 것이다.

1602년 그의 일기에는 나중에 인구에 회자될 셰익스피어의 일화도 적혀 있다. 셰익스피어의 역사극 〈리처드 3세〉가 공연되고 있을 때였다. 리처드 3세는 엘리자베스의 할아버지인 헨리 튜더와의 전쟁에 져서 튜더 왕조의 길을 열어준 왕으로, 그 냉혹한 왕의 감동적인 이야기를 담은 이 작품의 주역은 유명배우 리처드 버비지였다. 한 여인이 버비지를 '리처드 3세의 환생'이라고 극찬하면서 공연이 끝난 후 그를 초대하고 싶다고 했다. 셰익스피어는 이 초대의 말을 엿들었고 이 상황을 이용했다. 극작가는 배우보다 먼저 여인의 보금자리를 찾아갔다. 매닝엄의 기록에 따르면, "그는 환대를 받았으며, 버비지가 오기 전에 게임의 승리자가 되었다." 셰익스피어가 여인과 함께 있다는 소식이 리처드 3세, 즉 버비지에게 알려졌다. 셰익스피어는 한발 늦은 버비지를 향해 역사적 선례를 들면서 "리처드 3세 이전에 정복왕 윌리엄이 있었다"라는 말을 남겼다.

이런 유의 유희 비슷한 경쟁심리는 미들 템플의 학생들 사이에서도 흔히 볼 수 있었다. 학생들은 축제날이 되면 템스 강 근처에 있는 새로 건립한 미들 템플 홀에서 자신들이 쓴 드라마를 무대에 올리고 술잔치를 벌였다. 예를 들어 만성절(11월 1일)과 성촉절(2월 2일)이 되면 성공한 동창생들이 모두 모이는 화려한 주연이 벌어졌는데, 이때는 종종 연극공연이 뒤따랐다. 하지만 처음의 흥겹고 즐거운 시간은 어느새 주먹을 주고받는 싸움판으로 변하기가 일쑤였으며, 학생들은 주사위놀이나 도박, 심야 고성방가 등의 경범죄로 벌금을 물기도 했다. 법학원 근처에 사는 사람들을 특히 화나게 한 것은 한 방에 2명씩 묵는 법학원 학생들이 실내용 변기의 내용물과 '또 다른 두통거리들'을 창 밖으로 내던져 행인들에게 뒤집어쓰게 하는 고약한 버릇이었다. 이런 잘못을 저지르면 40실링의 벌금을 물어야 했다.

매닝엄이 런던에서 못된 장난이나 술만 배운 것은 아니었다. 젠틀맨 중에서도 안정된 뿌리를 가진 상류층의 자제였던 그는 아버지가 죽자 켄트에 영지를 소유하고 있던 한 친척의 양자가 되었으며, 별다른 어려움 없이 케임브리지 대학을 거쳐 미들 템플에서 계속 공부하는 그 시대의 특권자였다. 법학원에는 실제로 법률 관련 일을 위해서보다는 사교를 목적으로 공부하는 팔자 좋은 젠틀맨 자제들이 많았다. 하지만 매닝엄은 그들과 달리 스스로의 힘으로 기회와 행운을 만들어내겠다는 의지가 있었다. 또 다른 이유로 이곳에 들어온 학생들은 먹고살 방편은 있지만 크게 주목받지는 못하는 집안의 자제들로, 그들은 전문직으로 세상에서 존경받는 길을 찾아내고자 했다. 엘리자베스 시대의 한 작가가 "왕국의 법률을 공부하는 사람이라면 누구나 젠틀맨으로 여겨질 것이다"라고 지적했듯이 말이다.

법정변호사 또는 법정에 기소할 수 있는 변호인 자격을 얻기 위해선 무조건 미들 템플에서 7년 동안 수학해야 했다. 매닝엄은 그곳에서 모의소송이라고 부르는 가상 법률토론에 참석했으며, 역사와 문학 서적을 읽었고, 숙련된 법률가들이 1년에 두 차례 3~4주일씩 하는 수업을 들었다. 그 중간에 최고 법정변호사가 되기 위해 수장맹세(Oath of Supremacy)를 했지만, 실제로 개업을 하려면 다시 2년간 모의소송을 해야 했다. 게다가 그후에도 법학원의 규율을 지켜야 법정변호사 경력을 이어갈 수 있었다.

매닝엄은 이제 자신이 선택한 극장, 다시 말해 채무와 토지분쟁, 계약 중상죄와 관련된 소송건들이 해를 거듭할수록 크게 증가함에 따라 더욱 바빠지는 법조계에서 배우가 되었다. 셰익스피어는 자신이 창조한 한 등장인물의 입을 빌려 "우리가 해야 할 가장 첫 번째 일은 모든 법률가들을 몽땅 죽이는 것이다"라고 말했다. 하지만 변호사를 이토록 바쁘게 만든 장본인은 바로 엘리자베스 시대의 사람들이었다. 그들은 참으로 소송을 좋아했다. 매닝엄은 왕실의 피후견자들, 즉 사망한 지주나 금치산자의 과부나 장자가 아닌 상속자들의 재산을 보호·감독하는 후견재판소에서 일했다. 이 재판소의 관리들은 왕실을 이용해 많은 돈을 벌고 있었다. 그들은 피후견자들의 땅을 임대하

미들 템플 홀은 법학원 학생들이 강의를 듣고 모의소송을 공부하는 공간이었을 뿐 아니라 식사와 떠들썩한 연회, 연극 공연장이기도 했다. 셰익스피어는 자신의 극단을 이끌고 이곳에서 〈십이야〉를 공연한 적도 있었다. 이곳 학생들은 기사의 부츠와 망토 같은 멋지고 화려한 의복이 아니라 무겁고 엄숙한 색상의 학자 가운을 입었다.

거나 또는 법정의 감독하에 미성년자를 책임지겠다고 동의한 사람들에게 후견인 자격을 팔아 부당이득을 취했다. 이런 체제는 당연히 연이은 소송을 낳게 마련이었고, 억울한 사람들은 매닝엄이나 그의 동료들을 고용하는 수밖에 없었다. 엘리자베스 시대의 한 시인은 후견재판소에 고소를 했다가 7년 동안 아무 소득도 거두지 못한 한 남자의 신세를 이렇게 표현했다. "아, 어머니의 자궁에서부터 운수가 사납던 이여, 바로 그것이 처음부터 소송에 질 수밖에 없는 것이었네."

매닝엄은 법률회사와 결혼했다. 이 말은 2명의 법정 감사역 중 한 사람인 윌리엄 컬리의 딸과 결혼했다는 뜻이다. 이 성공한 젊은 변호사는 런던과 그 인근에서는 변호사 일을 하고 시골에서는 가정에 충실한 가장으로 성실하게 살아갔다. 결혼한 지 얼마 되지 않아 매닝엄은 아내와 어린 두 아이와 함께 영지를 꾸려가고 있던 양아버지를 돕기 위해 켄트로 이사를 갔다. 그리고 그가 죽은 후 유산을 상속받았다. 그사이 미들 템플에 있던 변호사 사무실도

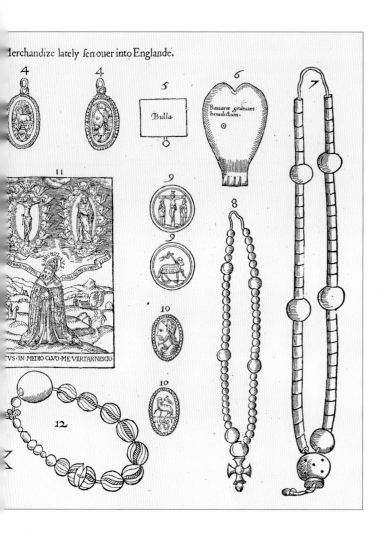

카톨릭 미사는 법률에 따라 많은 벌금을 물어야 했기 때문에, 사제들은 미사 용기 일습을 재빨리 숨길 수 있는 장치가 필요했다. 왼쪽에 보이는 가죽상자는 포도주 한 병, 마개를 돌려서 분리할 수 있는 성배 하나, 성찬 쟁반 하나를 숨길 수 있었다. 런던 출신의 버나드 가터는 1579년에 불법적인 카톨릭 헌신물들을 상세하게 그림으로 그려서 프로테스탄트들에게 알려주었다(위).

잘 꾸려나갔음은 물론이다. 그곳은 그에게 제2의 집이었으며, 그곳에서 선택받은 법조인 친목회와 어울리면서 만족스런 삶을 살았다.

잉글랜드에는 피고측의 배심원 재판을 허용하는 자랑스러운 전통이 있지만, 엘리자베스 시대만 하더라도 피고인들은 훗날 그들의 당연한 권리로 여겨질 법적 보호를 거의 받지 못했다. 예를 들어 살인이나 방화, 강도 등 중죄로 기소된 피고인들은 재판을 받을 때 협의가 필요한 부분 이외에는 혼자서 고발자들을 상대해야 했다. 기소자측은 증명을 해야 했으며, 피고인은 부당하고 악의가 있다고 생각하는 배심원이나 증거를 거부할 수 있었다. 하지만 반역죄로 기소된 혐의자들은 재판 한번 받지 못하고 악명 높은 런던 탑에서 오랫동안 고생해야 했다. 이들에게는 동조자들을 배신하도록 강요하고, 또 그들이 저질렀건 아니건 상관없이 반역행위를 인정하게 만들려는 온갖 잔혹한 고문이 기다리고 있었다.

1597년 4월, 런던의 어느 감옥에 갇혀 있던 예수회 사제 존 제라드는 런던 시민들에게는 그저 '이상한 탑'으로 인식되던 금단의 건물로 이송되었다. 그곳은 바로 런던 탑으로, 원래는 11세기에 요새로 지어졌지만, 수세기에 걸쳐 확장을 거듭해 이제는 템스 강의 북쪽 강변 런던 브리지의 동쪽에 약 7만 3,000m²의 땅을 차지하는 성채가 되었다. 화이트 타

위로 알려진 27.5m 높이의 중앙 본채와 그보다 작은 몇 개의 탑들로 구성되었는데, 이 작은 탑들을 하나로 연결해주는 내외 방벽이 쳐져 있었다. 바깥 방벽 너머로는 폭 30m의 물이 차 있는 해자가 있었으며, 그 해자를 둘러싸고 마지막 방벽이 자리하고 있었다. 이 런던 탑에서 탈출에 성공한 사람은 거의 없었다. 하지만 제라드는 심한 고문을 받은 후 자유를 찾기 위한 필사의 노력을 기울였다.

감방에서 끌려나온 제라드는 조정의 무시무시한 관료들 앞에 서 있는 자신을 발견했다. 그중엔 런던의 그레이스 인에서 법률을 공부하고 훗날 엘리자베스의 후계자 제임스 1세 때 대법관이 된 날카로운 지성의 소유자인 프랜시스 베이컨도 있었다. 베이컨과 다른 심문관들은 이 사제가 반정부 활동을 했다는 증거를 찾고 있었다. 제라드는 런던 탑으로 오기 전에도 클링크라는 런던의 감옥에서 3년을 고생했다. 그는 심문관들을 향해 "나는 예전에도 여러 차례 조사를 받았습니다. 하지만 그들은 내가 정부에 반대했다는 것을 증명하는 단 한 줄의 글이나 한 조각의 신빙성 있는 증거도 얻어내지 못했습니다"라고 말했다.

한 심문관이 제라드에게 최근 외국에서 온 편지들에 대해서 물었다. 그제야 제라드는 자신이 런던 탑에 오게 된 이유를 알았다. 그는 곤경에 처해 있는 잉글랜드의 카톨릭 교도들을 돕기 위해 예수회와 비밀연락을 취하고 있었다. 클링크에 갇혀 있을 때조차 그는 외국에서 온 편지를 받았으며, 편지를 읽은 다음에는 그 편지를 감옥 밖에 있던 잉글랜드 예수회 감독인 헨리 가닛 신부에게 몰래 빼돌렸다.

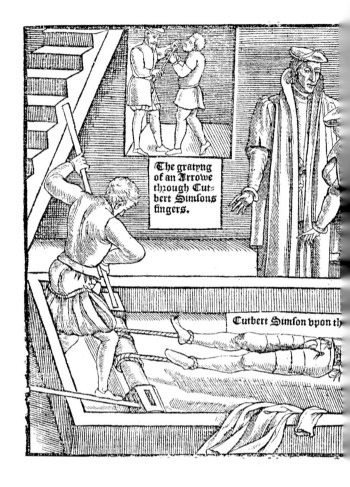

심문관이 지켜보는 가운데 런던 탑의 죄수가 사지를 잡아늘여 탈구시키는 고문을 당하고 있다. 또 다른 고문방법은 위에 묘사되어 있다. 고문관들은 화살로 죄수의 손가락을 찌르고(위 왼쪽), 쇠로 만든 스케핑턴의 차꼬(오른쪽)에 죄수의 몸을 집어넣고 조금씩 죄였다(위 오른쪽).

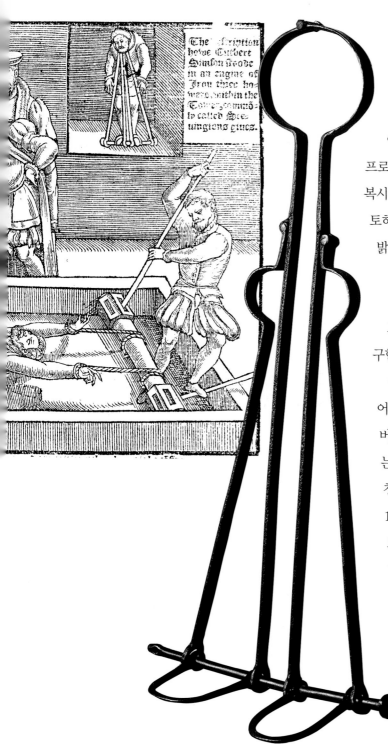

분명 누군가 이런 편지들의 존재에 대해서(비록 편지 내용은 모른다고 하더라도) 알고서 당국에 신고한 것이 틀림없었다.

카톨릭 성직자라는 사실 자체가 지금의 잉글랜드에서는 반역행위였지만, 심문관들은 이 사제가 단순히 프로테스탄트를 반대하는 게 아니라 엘리자베스 여왕을 전복시킬 계획이 있었다는 자백과 다른 연루자들의 이름을 실토하기를 바랐다. 하지만 제라드는 하수인의 이름을 끝내 밝히려 하지 않았다.

"결국은 털어놓고 말걸." 심문관 한 명이 이렇게 말하며 추밀원의 고문 허가증을 보여주었다. 이것은 선교 사제가 적의 대리인이라는 혐의만 있으면 언제라도 구할 수 있는 것이었다.

어떤 점에서 제라드의 인생은 이 순간을 위해 준비되어 온 것이었다. 1564년 카톨릭 가정에서 태어난 그는 아버지가 1570년 스코틀랜드 여왕 메리를 구출하려 했다는 죄명으로 3년 동안 옥고를 치르는 것을 지켜보았다. 청년이 된 그는 예수회 공부를 위해 고국에서 도망쳤다. 1585년 잉글랜드 의회는 모든 카톨릭 사제들을 외국으로 추방한다는 법률을 통과시켰다. 그로부터 3년이 지난 후 예수회는 이제 갓 사제 서품을 받은 제라드를 잉글랜드로 파견하려 했다. 그의 귀국 시기는 이보다 더 위험할 수 없었다. 스페인의 무적함대의 침공을 받았던 잉글랜드 전역에 반(反) 카톨릭 정서가 최고조에 이르렀던 시기였기 때문이다. 제라드는 훗날 이렇게 썼다. "스페인 함대는 잉글랜드 국민들을 격분시켰다. 사방에서 카톨릭 교도들의 집을 수색하고 또 잡아들이는 사냥조직이 만들어지고 있었다." 그러나 이미 뜨거운 선교의 열정으로 다져진 제라드는 11월, 프랑스에서 바다를 건너 고국으로 돌아왔다.

배는 젊은 신부를 한적한 노퍽 해변에 내려주고 떠났다. 노퍽은 카톨릭 정서가 강하게 남아 있던 곳으로, 그가 큰 어려움 없이 은신처를 찾아내리라고 판단했던 곳이다. 그는 비가 내리는 추운 밤을 숲속에서 웅크린 채 지샌 다음, 이튿날 아침 조용히 사람들이 있는 거리로 나왔다. 매 사냥꾼 행세를 하면서 시골 구석구석을 헤매던 그는 우연히 은신처를 제공하겠다는 카톨릭 교도 한 사람을 만났다. 그 다음 6년 동안은 카톨릭 젠틀맨들의 집을 전전하며 보호를 받았다. 그는 변장을 하고 이곳 저곳으로 돌아다니며 사람들에게 오래된 믿음을 지켜내라고, '양떼들로 돌아가라'고 용기를 주었다. 심지어 1594년 경찰에 체포되어 클링크에 갇혔을 때조차 그는 그곳에서 자신과 믿음이 같은 사람들을 찾아냈으며, 외국에서 온 편지들에서 희망을 키워나갔다. 하지만 이곳 런던 탑에서는 그의 신앙을 시험하는 마지막 단계, 즉 그의 신조를 저버리고 선배들을 배신하도록 만들려는 고문을 견뎌내야만 했다.

시험장소는 화이트 타워의 지하감옥이었다. 간수들은 그를 나무 대들보로 지붕을 떠받친 방으로 끌고가서는, 손목을 쇠고랑으로 채운 후 간신히 발이 땅에 닿을 정도로 그를 매달고는 발 아래 있는 흙을 파냈다. 느리게 진행되는 이 고문은 피를 흘리지만 않을 뿐, 신부의 몸과 정신을 괴롭히고 영혼을 파괴시켜 하수인의 이름과 예수회 선배들에 대한 정보를 캐내려는 것이었다. 제라드가 정신을 잃으면 간수들은 그의 발밑에 고리버들로 만든 발판을 대주었다. 그가 의식을 차리고 다시 기도를 시작하면 고문도 다시 시작되었다. 하루가 저물 때가 되어서야 제라드는 기둥에서 끌려내려와 감방으로 돌아갔다. 다음날 아침, 그는 다시 자백을 거부했고 고문이 새롭게 시작되었다. 나중엔 너무도 큰 고통에 그는 자신도 모르게 누군가를 배신하기 전에 "차라리 갈가리 찢어달라"고 울부짖으며 기도했다. 심문관들은 그의 흔들리지 않는 결심에 감동했으며, 고문으로는 아무것도 얻어내지 못하리라는 사실을 인정해야만 했다.

제라드는 시험을 이겨내긴 했어도 시련이 끝난 것은 아니었다. 그와 같은 처지의 사람들은 고문이 끝나면 재판과 판결을 받고 사형을 당했다. 하지만 제라드는 사람 좋은 간수를 만났다. 베넷이란 이름의 이 간수는 제라드가 고문을 받을 때 친절하게 감옥까지 옮겨주었으며, 이제는 성심껏 간호까지 해주었다.

간수와 죄수 사이의 이러한 좋은 관계는 엘리자베스 시대의 감옥이란 배경에선 그리 놀랄 일도 아니다. 간수들은 흔히 죄수들에게 물건을 팔아 번 돈으로 박봉을 메워나갔다. 그 가격은 일반 죄수들과 돈 많은 수감자들의 형편에 따라서 천차만별이었다. 간수들에게 돈을 줄 만큼 여유 있는 사람들은 좋은 음식과 술을 마실 수 있었으며, 심지어 감옥에서 장사도 했다. 게다가 그들은 혼자서 혹은 친구들을 불러서 간수들의 시중까지 받아가며 만찬을 즐기기까지 했다. 하지만 가난한 수감자들은 최선을 다해 스스로를 보호해야 했다. 제라드도 젠틀맨 출신의 여자 죄수 한 명이 자신과 믿음이 같은 불쌍한 카톨릭 죄수들을 돕기 위해 요리와 바느질을 하고 있다는 것을 알고 있었다.

베넷도 이렇게 돈을 받고 제라드를 보살펴주었던 것이다. 그는 손가락을 움직일 수 없을 정도로 부상당한 제라드를 위해 음식을 잘게 잘라주기까지 했다. 3주일이 지날 즈음 다시 손을 사용할 수 있을 정도로 회복되자 그는 간수에게 오렌지를 구해달라고 부탁했다. 그는 오렌지 껍질을 작은 십자가 모양으로 잘라낸 다음 이것들을 2개씩 겹쳐 꿰매고는 여기에 실을 연결하여 작은 묵주를 만들었다. 그리고 오렌지 즙은 간수가 보지 않을 때 작은 항아리에 담아 보관했다.

제라드는 친구에게 묵주를 보내고 싶은데 그것을 쌀 만한 종이를 구해달라고 부탁했다. 간수가 종이를 가져오자 신부는 그 위에 목탄으로 짧은 글을 썼다. 하지만 간수가 잠깐 한눈을 팔면 그는 얼른 깃펜(이것은 아마도 이쑤시개가 필요하다며 얻어냈을 것이다)에 오렌지 즙을 찍은 다음, 조금 전에 썼던 편지 행간에 다른 글을 적어넣었다. 이 글은 맨눈으로는 보이지 않았다. 그는 예전에도 사용했던 비밀서신 방법이라 친구들이 이 숨어 있는 메시지를 찾아 읽어낼 수 있을 것이라 믿었다. 그리고 정말 그의 편지를 받은 친구들이 종이에 열을 가하면 오렌지 즙으로 적은 글씨가 나타났다. 그러면 그들은 다시 똑같은 방법으로 음식을 싼 종이의 여백에 비밀 메시지를 적어 제라드에게 보냈다. 돈이 궁했던 베넷은 즐겁게 이 일에 봉사했다. 이런 식으로 비밀연락을 주고받은 지 몇 달 후, 제라드는 애초부터 속임수가 필요 없었음을 알았다. 베넷은 행간 사이에 숨겨진 비밀문자는커녕 빤히 눈에 보이는 내용들도 읽을 수 없는 문맹이었던 것이다.

제라드가 아직은 자신의 탈출 시도에 친구들까지 끌어들일 생각을 하지 못했지만, 상황은 곧 친구들의 도움을 절실하게 필요로 하고 있었다. 공식적으로 그에겐 면회객이 없었지만, 사실은 관광객으로 위장한 카톨릭 여성 2명이 뇌물을 써

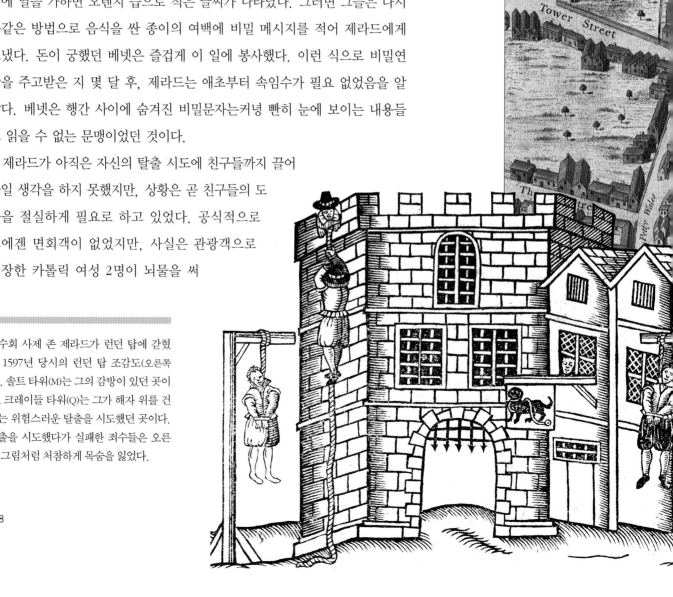

예수회 사제 존 제라드가 런던 탑에 갇혔던 1597년 당시의 런던 탑 조감도(오른쪽 끝). 솔트 타워(M)는 그의 감방이 있던 곳이고, 크레이들 타워(Q)는 그가 해자 위를 건너는 위험스러운 탈출을 시도했던 곳이다. 탈출을 시도했다가 실패한 죄수들은 오른쪽 그림처럼 처참하게 목숨을 잃었다.

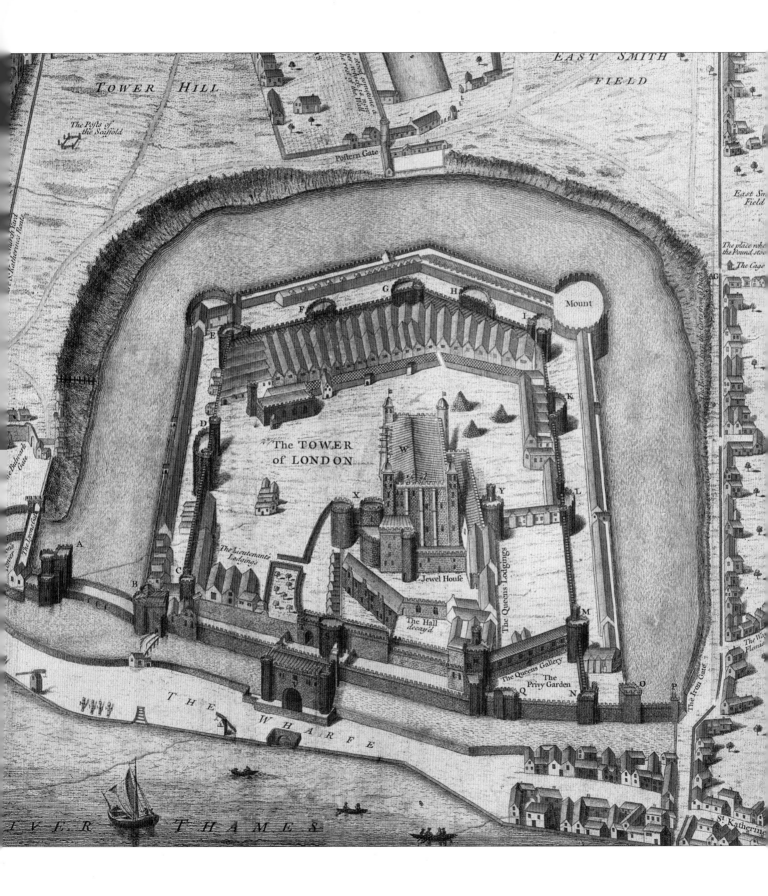

TOWER HILL

EAST SMITHFIELD

The Posts of the Scaffold

Postern Gate

EAST Sm Field

The place wh the Pound sto

The Cage

AG

F
G
H
I
Mount
E
K
D
The TOWER of LONDON
W
X
Y
L
The Lieutenants Lodgings
The Queens Lodgings
A
C
Jewel House
B
M
The Hall decay'd
The Queens Gallery
The Privy Garden
Q
N
O
P
The Iron Gate
St. Katherine

THE WHAIRFE

RIVER THAMES

서 그의 감옥까지 왕래하고 있었다. 이 여자들은 전혀 의심받지 않았다. 런던 탑에는 여왕의 사자들을 비롯해 이국적인 동물들이 갇힌 동물원이 있어서 종종 외부 관광객들의 출입이 허용되었기 때문이다. 여자들은 제라드가 곧 형식적인 재판을 받게 될 것이며, 그 다음에는 한 가지 결론, 즉 사형만이 기다리고 있다는 소식을 그에게 전했다.

처음에 제라드는 자신의 운명을 피하려는 생각조차 하지 않았다. 죽기 전 마지막으로 미사를 드릴 수만 있다면 좋겠다고 생각했다. 그런데 미사를 드리는 데 필요한 물건이 하나도 없었다. 런던 탑 안에는 10년 전, 이제는 죽고 없는 스코틀랜드 여왕 메리를 구하려다 실패한 존 아든이라는 카톨릭 교도가 있었다. 그는 사형을 기다리고 있었는데, 그의 아내에게 면회가 허용되었다. 그녀라면 두 사람을 위한 미사에 필요한 물건들을 몰래 들여올 수 있을 것이다. 제라드는 간수에게 뇌물을 주면서, 바깥 방벽 쪽 타워에 있는 저주받은 남자의 감옥에서 아든과 함께 식사를 하고 싶은데 허락해달라고 부탁했다. 아든의 감옥으로 간 그는 깜짝 놀랐다. 해자가 바로 옆에 있고, 그 해자를 넘어서기만 하면 바로 템스 강이 연결되어 있었기 때문이었다. 어쩌면 아직은 지상에서의 마지막 미사를 올리지 않아도 되리라. 그리고 어쩌면 구원은 손에 잡을 수 있는 것인지도 모른다.

제라드는 아든과 함께 탈출계획을 짰다. 밤을 틈타 아든의 감옥 위 지붕으로 올라간 다음, 해자 위로 밧줄을 설치해서 그 밧줄을 타고 세 번째 방벽을 넘어가자는 것이었다. 그 다음 템스 강에 배를 대고 있을 구조자들을 만나는 것이다. 제라드는 가닛 신부에게 탈출시도를 허락해달라는 서신을 보냈고, 그로부터 허락한다는 답신을 받았다. 그는 또 친구들에게 탈출을 도와줄 만한 사람들을 구해달라는 편지도 보냈다. 첫 번째 탈출시도는 런던 탑 바깥 부두에서 기다리던 구조자들이 이들을 수상한 눈으로 보는 말 많은 사람을 만나는 바람에 무산되었다. 그들은 다음날 밤 다시 탈출을 시도할 작정이었다.

제라드는 다시 뇌물을 써서 아든을 찾아갔다. 간수가 자리를 비울 때까지 기다린 다음, 두 남자는 친구들이 몰래 들여보내준 장비를 이용해서 감방 위 지붕으로 통하는 문을 간신히 열고 계단을 올라갔다. 두 남자는 기다란 끈의 한쪽 끝을 지붕에 단단하게 묶은 다음 다른 끝에는 무거운 쇠뭉치를 매달았다. 어둠 속에서, 흰 손수건으로 표시를 한 동료들의 모습이 보였다. 제라드와 아든은 힘을 모아 무거운 쇠뭉치를 들어올린 다음 힘껏 던졌다. 쇠뭉치가 땅에 쿵 떨어지는 소리를 듣고 구조자들이 달려와 밧줄을 찾아냈다. 그들은 쇠뭉치를 풀어낸 다음, 미리 튼튼하게 세워둔 말뚝에다 묶은 굵은 밧줄과 연결시켰다. 제라드와 아든은 있는 힘을 다해 무거운 밧줄을 다시 탑으로 당겨올렸으며, 자유를 찾아줄 하강을 위한 설치를 했다. 그들은 이 탈출이 얼마나 위험한지 너무나 잘 알 수 있었다. 해자 너머에 있는 마지막 방벽의 윗부분은 그들이 지금 밟고 서 있는 지붕보다 그리 낮지 않았기 때문에 밧줄은 물 위에서 거의 수평으로 매달려 있었다. 이것은 담력과 근력을 함께 시험하는 힘든 일이 될 것이며, 약간만 미끄러져도 그들은 시커먼 해자로 떨어지고 말 것이다.

잠시 동안 몸을 떨던 아든이 말했다. "이곳에 있다간 교수형으로 죽고 말겠지." 그는 밧줄을 꼭 붙들고 무사히 해자 위를 건너갔다. 이젠 제라드의 차례였다. 하지만 일단 아든이 지나간 후여서 밧줄이 느슨해진데다가 제라드의 몸은 오랜 감금생활과 고문 후유증으로 허약할 대로 허약해져 있었다. 간신히 몇 걸음을 옮겼을 때 그의 몸이 공중에서 흔들렸다. 저 아래에는 해자의 검은 물이 넘실대고 있었다. 그는 천천히, 아주 힘들게 움직여 결국 해자 가장자리에 닿기는 했지만, 마지막 방벽은 그에겐 너무 높은 벽이었다. 그때 구조원 한 명이 눈치를 채고 방벽을 기어올라가 제라드를 안전하게 내려주었다. 그리고 그들은 작은 배에 올라타자마자 열심히 노를 저어 어둠 속으로 사라졌다.

경찰은 끝내 제라드를 찾아내지 못했다. 제라드는 런던 탑에서 탈출한 후 10년 가까이 잉글랜드에서 예수회 신부로 일했으며, 1606년 스페인 대사의 종자로 위장해서 고국을 떠난 후에도 계속 자신의 신앙이 이끄는 삶을 살았다. 제라드가 보여준 눈부신 탈출은 시련의 시기이자 또한 풍요로운 기회의 시대에 수많은 런던 사람들이 가슴속에 간직하고 있던 하나의 원칙을 그대로 증명해주었다. 다시 말해 구원의 열쇠는, 적어도 현세에서는, 스스로의 의지와 창조적 발상에 달려 있다는 사실을 보여주었던 것이다.

## ESSAY _ 3 | "온 세상이 무대이다"

"오, 불의 뮤즈여, 창조의 가장 빛나는 하늘 끝까지 불꽃을 솟아오르게 하라. 무대에는 왕국을 세우고 왕자들로 하여금 배우가 되게 하며, 군주들은 장엄한 무대를 지켜보게 하라…" 윌리엄 셰익스피어의 〈헨리 5세〉 서막은 웅장한 극장과 고귀한 배우들에게 이 이야기를 들려줄 것을 호소하는 합창으로 시작된다.

하지만 엘리자베스 시대 사람들은 런던의 상설극장과 서민 출신의 배우들에게서 충분히 그들의 가슴을 떨리게 하는 연극을 보았다. 그들은 매일 떼지어 몰려다니며

〈헨리 5세〉, 토머스 키드의 복수극 〈스페인 비극〉(위)과 같은 연극을 감상했다.

셰익스피어, 토머스 키드, 벤 존슨, 그리고 크리스토퍼 말로 등의 극작가들은 중세부터 내려온 과장된 도덕극의 전통에 생기와 강렬함이 더해진 엘리자베스 시대의 드라마를 만들었다. 치밀한 구성과 머릿속에서 잊혀지지 않는 성격 창조, 풍부한 상상력, 그리고 화려한 언어구사력 등의 드라마 기예들은 당대의 드라마를 고대 아테네 이후 최고의 예술적 경지로 올려놓았다.

# 유행을 탄 연극

엘리자베스 시대 드라마의 뿌리는 중세의 기적극이었다. 이것은 처음엔 성서에 나오는 이야기들을 수도사들이 극화해 수도원 안에서만 공연하다가, 시간이 지나면서 탁발 수도사들이 신도들의 종교교육을 목적으로 지방을 돌아다니며 무대에 올렸던 연극의 일종이었다. 튜더 왕조에 이르면, 지역의 수공업 길드들은 이동식 야외무대를 세우고, 세속적 도덕극과 기적극을 사람들 앞에서 공연했다. 소규모 유랑극단의 배우들도 마을 축제를 찾아다니거나 여관의 앞마당에서 여흥거리를 제공했다. 하지만 이런 배우들은 전염병의 확산을 우려하고 소매치기와 창녀들이 몰려오는 것을 싫어했던 시의원들의 원성과 분노를 사기도 했다.

1572년에 확대된 부랑자 법령은 모든 유랑극단 배우들을 부랑자로 분류했으며, 이들이 허가증 없이 공연하는 것을 금지했다. 허가증을 발급받기 위해서는 부유한 귀족들의 후원이 필요했는데, 이것은 런던에 기반을 두고 후원자들의 이름을 딴 대형극단들이 창설된 배경이 되었다. 셰익스피어가 대표 극작가로 활동했던 체임벌린스 멘과 엘리자베스 여왕의 흥행단 퀸즈 극단은 그 시대 가장 활발한 활동을 한 극단들이었다.

시어맨 앤 테일러스 컴퍼니의 길드 조합원들이 코번트리 인의 안마당에서 기적극을 공연하고 있다(왼쪽). 술에 취한 한 관객이 무대 위로 올라오려 하자, 배우 한 명이 막아내려고 그를 때리고 있다(위). 엘리자베스 시대에는 공연이 펼쳐지는 동안에도 관객들이 먹고 마시고 희롱하고 싸우는 일이 흔했다.

"방방곡곡에서 온 사람들이 시장과 극장으로 무리지어 몰려든다."

글로브 극장 바깥에 모여 있는 관객들.
이 극장은 1599년 윌리엄 셰익스피어의
《헨리 5세》를 무대에 올리며 문을 열었다.

윌리엄 셰익스피어(오른쪽)와 체임벌린스 멘의
단원들은 글로브 극장을 세우기 위해
이 극장의 '하우스키퍼', 곧 주주가
되어 건축비용을 모았다.

1594년 셰익스피어의 복수극
〈티투스 안드로니쿠스〉가 공연되는
장미극장의 모습을 재현하기 위해
내부가 보이도록 잘라낸 단면도 그림.
남자 배우가 화살을 쏘아올리고 있다.
엘리자베스 시대 극장 경비에서
가장 많은 비중을 차지한 것은
의상이었다. 반면 소도구와
무대장치는 최소한으로 제한되었다.

# 글로브 극장

1574년, 배우 제임스 버비지는 드라마에 미쳐 있는 런던 시민들로부터 돈을 벌 수 있다는 사실을 간파하고 오직 연극공연만을 위한 최초의 건물을 세우기로 했다. 레스터 극단의 매니저이기도 했던 버비지는 흥행업에 대한 시당국자들의 반감을 잘 알고 있었고, 그래서 극장 부지를 쇼디치 외곽으로 선택했다. 처음엔 '더 시어터'라고 이름을 붙였는데, 이것이 엄청난 성공을 거두었다. 그후 20년 동안 외곽지역에 여섯 군데의 상설극장이 더 생겼다(비평가들의 눈에 이것은 쓸데없는 낭비로만 보였다). 그중 다섯 극장은 매음굴과 곰 투기장이 있는 사우스워크 지구에 있었다.

극장은 기본적으로 원형이었으며, 2,000명에서 3,000명의 관객을 수용할 수 있었다. 3층 객석에서 벽과 가까운 좌석과 무대의 일부는 이엉지붕으로 가려졌지만, 1층 가운데 객석은 하늘이 그대로 보이게 완전히 노출되었다. '그라운들링'으로 불린 가난한 관객은 1페니를 내고 1층 바닥에 서서 연극을 보았는데, 이곳은 소매치기나 창녀들이 자주 나타나는 거친 구역이었다. 6펜스를 내면 지붕이 있는 회랑의 좌석을 살 수 있었으며, 부유한 후원자들은 무대 위에 앉기도 했다.

*"이 사치스러운 극장들을 보라.
이것들이야말로 런던의 방탕과
어리석음을 고발하는 기념비이다!"*

## 은총을 받은 배우

엘리자베스 시대 극장은 걸출한 비극배우들과 모두에게 사랑받는 어릿광대들을 탄생시켰다. 제임스 버비지의 아들 리처드 버비지는 〈오셀로〉와 〈리어 왕〉의 주역을 맡았으며, 에드워드 앨린은 관객들의 가슴 깊숙이 숨어 있던 감정을 이끌어내며 크리스토퍼 말로의 극들을 빛냈다. 리처드 탈턴과 윌 켐프는 관객들의 웃음보를 자극했다.

버비지를 비롯한 뛰어난 배우들은 그들의 시대에 존경받는 전문직업인으로 활약했다. 여자가 무대에서 연기하는 것은 아직도 부적절하며 이상한 일로 생각되었다. 따라서 극중 여성 역할은 변성기 이전의 소년들이 여자의 몸짓과 목소리를 연습해 연기했다. 독일 출신의 토머스 플래터는 셰익스피어의 연극 〈줄리어스 시저〉에 대한 관람기를 이렇게 적어놓았다. "줄리어스 황제의 비극에서 역을 너무도 잘 소화한 배우를 적어도 15명은 보았다. 마지막엔… 그들은 그들의 관습에 따라 아주 우아하고 아름다운 춤을 추었다. 배우들 중 2명은 남자 옷을 입고 2명은 여자 옷을 입고 춤을 추었다."

"이 세상은 하나의 무대이며,
모든 여자와 남자는 그저 그 무대
위에서 움직이는 배우들이다…
그리고 인간은 자신의 시대를 살면서
수많은 역할을 연기한다."

크리스토퍼 말로의 〈포스터스 박사의 비극〉에서 포스터스가 악마와 만나는 장면(위). 음울하고 어두운 성격의 포스터스 박사 역할은 수많은 작품에서 강렬한 연기를 펼쳤던 에드워드 앨린(왼쪽)이 맡았다. 당시의 한 목격자는 "앨린이 연기를 하면 그 어떤 삶도 그 자신의 것이 되어버린다"라고 감탄했다.

리처드 탈턴은 당대 최고의 희극배우였다. 헐렁한 바지를 입고 드럼을 치는 모습은 그의 트레이드마크로, 엘리자베스와 그녀의 극단원들이 좋아했다. 극작가 토머스 내시의 말을 빌리면, "사람들은 탈턴이 무대에 오르기 전에 머리만 빠끔 내밀어도 웃음보를 터뜨리기 시작했다"고 한다.

〈티투스 안드로니쿠스〉에서 타모라 여왕이 아들의 목을 치려는 간수에게 자비를 호소하는 장면(아래). 셰익스피어의 연극 중에서 현재까지 유일하게 남아 있는 이 일러스트는, 당시 주연 배우들이 극의 시대배경에 맞게 로마 의상을 입고 연기했음을 보여준다.

이니고 존스가 꾸민 〈오베론의 가면극〉
제1막의 무대 디자인. 불길하게 보이는
이 바위벽 세트는 덧문들이 움직이면서
요정의 궁궐로 전환되었는데,
이것은 당시로선 혁신적인 무대기술이었다.

존스의 의상 디자인의 특징은 화려함과
연상작용이었다. 가령 물의 요정 오세아니아는
푸른색 가발을 쓰고 물결이 흘러가는 듯한
하늘거리는 바닷빛 스커트를 입었으며,
햇불을 든 사람은 불이 붙은 것처럼
새빨간 색조의 의상을 입었다.

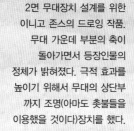

2면 무대장치 설계를 위한 이니고 존스의 드로잉 작품. 무대 가운데 부분의 축이 돌아가면서 등장인물의 정체가 밝혀졌다. 극적 효과를 높이기 위해서 무대의 상단부까지 조명(아마도 촛불들을 이용했을 것이다)장치를 했다.

# 무대 위에 오른 왕국

시와 음악, 춤을 아우르는 일명 '가면극' 이라 불리는 화려한 연극은 엘리자베스 치세 내내 왕국에서 큰 인기를 누렸다. 하지만 가면극의 최고 전성기는 엘리자베스의 후계자 제임스 1세 때였다. 극작가 벤 존슨과 건축가이자 디자이너 이니고 존스의 예술적 만남은 최고의 가면극 작품들을 만들어냈다. 연극이란 '빛과 움직임이 함께 만들어내는 그림' 이라고 생각했던 존스는 생동감 있는 의상과 독창적인 무대 디자인으로 벤 존슨이 썼던 화려한 극본에 빛을 더해주었다. 한번 공연을 할 때마다 엄청난 시간과 자금이 쏟아부어졌는데, 특히 크리스마스 축제 기간에 화이트홀 궁전의 홀에서 열리는 궁정 가면극은 상상력이 총동원되는 무대였다.

이 공연에는 직업배우들과 귀족부인들, 궁정의 젠틀맨들 모두가 참여했다. 대사가 있는 모든 부분은 배우들이 맡았던 반면, 지체 높은 궁정인들은 가면을 쓰고 춤추는 역할만 했다. 참가자들의 역할 구분을 편리하게 하기 위해 존슨과 존스는 가면 쓴 사람들의 역할도 두 부분으로 나누었다. 첫 번째 부분은 무질서와 카오스에 빠져 있는 세상을 형상화한 것으로, 이것은 배우들이 맡았다. 그 다음엔 우화적인 의상을 입은 춤추는 사람들이 나타나 세계에 다시 조화를 이루어내는 내용이 이어졌다.

SIC PARVIS MAGNA

# 3 :: 부귀와 영광의 꿈

프랜시스 드레이크 경이 그의 세계일주 항해를 연상시키는 지구의 옆에 자랑스러운 모습으로 서 있다. 그는 이 공적으로 1581년 엘리자베스 여왕으로부터 기사 작위를 받았다. 농부의 아들로 태어난 그는 젊은 시절 선장의 조수로 처음 배를 탄 이후 결국 잉글랜드 해군의 부제독이 됨으로써 자신의 문장에 씌어진 격언을 실증했다. "식 파르비스 마그나(Sic Parvis Magna)" ─ "위대함은 작은 시작에서부터 이루어진다."

1581년 4월, 엘리자베스 여왕은 가장 충실한 신하 중 한 사람인 프랜시스 드레이크의 공로를 치하하려 했다. 그는 6개월 전 스페인 상선으로부터 빼앗은 보화를 가득 싣고 전세계를 돌아 개선한 신하였다. 그는 이 공적으로 이미 정부로부터 영웅적인 환영을 받았으며, 여왕에게서도 상당한 보너스를 받았다(여왕은 총 40만 파운드 값어치의 노획물 중에서 드레이크에게 1만 파운드 상당의 권리를 인정했다). 그리고 이제 여왕은 그에게 기사 작위를 수여하기 위해 런던에서 수 km 떨어져 있는 템스 강변, 데트퍼드 부두에 정박해 있던 골든 하인드 호로 향하고 있었다. 여왕의 뒤로 군중들이 환성을 지르며 따랐다. 너무 많은 지지자들이 여왕을 따라 배에 오르려고 달려드는 바람에 계단이 그들의 무게를 이기지 못하고 무너졌다. 수십 명의 사람들이 속절없이 뒤엉킨 채 진흙탕으로 뒹굴었지만, 축제 분위기는 가라앉지 않았다.

드레이크는 골든 하인드 호에서 여왕을 모시는 화려한 연회를 열면서 많은 선물을 바쳤다. 이전에도 그는 노획물 중에서 반짝반짝 빛나는 왕관을 여왕에게 바쳤다. 스페인 대사의 보고에 의하면, 그 왕관은 에메랄드 5개가 박혀 있었으며, 그중 하나는 작은 손가락 굵기만한 것이었다고 한다. 그런데도 여왕은 군주로서 노획물의 상당량에 대한 권리를 주장했다.

연회가 끝나자 드레이크는 작위를 받기 위해 여왕 앞에 무릎을 꿇었다. 황금 검을 쥔 여왕의 입에서 드레이크의 머리를 자르겠다는 무시무시한 말이 나왔다. 이것은 죽은 언니 메리 튜더의 남편인 스페인 왕 펠리페 2세를 의식하고 그를 처벌할 수도 있다는 뜻이었다. 하지만 그 다음 그녀는 옆에 있던 프랑스 사절에게 검을 넘겨주며 영광스러운 일을 행하라고 명령했다. 그녀의 이 행동은 펠리페에겐 또 다른 도전장이었다. 이 프랑스 사람은 스페인에 대항할 전략적 목적으로 자신의 주군인 앙주 공과 엘리자베스의 결혼협상을 진행 중이었기 때문이다. 그는 조금 전 연회가 한창이었을 때 바닥에 떨어져 있던 여왕의 가터 한 짝을 주워 여왕에게 정중히 바쳤다. 이제 그는 황금 검으로 드레이크에게 기사 작위를 내려줌으로써 여왕에 대한 지속적인 봉사의 뜻을 나타냈다.

골든 하인드 호의 선장이 다시 일어났을 때, 그는 프랜시스 드레이크 경이 되어 있었다. 여왕은 그를 '우리의 황금 기사'라고 불렀다. 골든 하인드 호는 잉글랜드가 새롭게 발견해낸 해상 강대국의 상징으로 데트퍼드에 전시되었다. 하지만 급격히 부상하던 이 왕국에서 이 배보다 더 인상적인 전시물은 데번셔 출신의 농부의 아들 프랜시스 드레이크 경 그 자신이었다.

드레이크의 항해와, 왕실이 요란을 떨며 그의 귀환을 선전한 행동은 여왕과 펠리페 2세 사이의 적대감을 더욱 심화시켰다. 펠리페는 여왕이 네덜란드의 반 스페인 프로테스탄트들을 도와주었다고 비난했다. 그러자 여왕은 펠리페가 교황 세력과 손잡고 아일랜드 카톨릭 교도들을 선동해 잉글랜드 법을

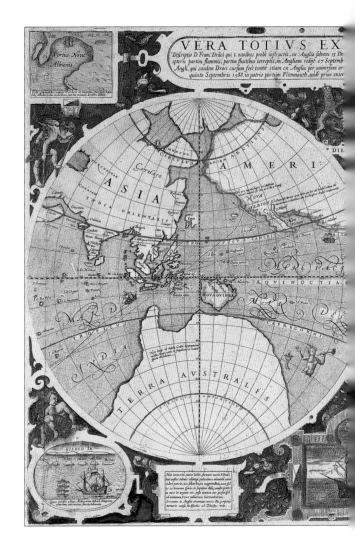

드레이크가 세계일주를 마치고 돌아온 지 얼마 되지 않아 출판된 지도에는 골든 하인드 호가 잉글랜드를 떠나 아프리카, 대서양 마젤란 해협을 통과해서, 아메리카 대륙 서부해안을 위로 올라가 태평

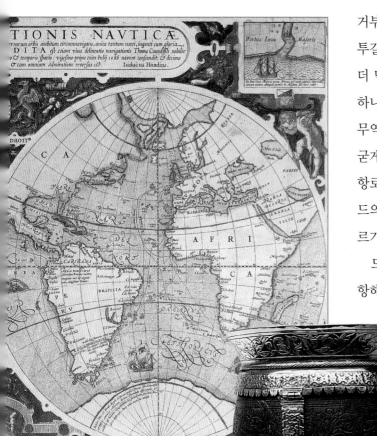

거부하도록 종용한 사실을 비난했다. 펠리페는 얼마 전 포르투갈 침공에 이어 포르투갈의 왕좌까지 차지함으로써 한층 더 막강한 권력을 가졌다. 그는 이제 역사상 가장 큰 제국 중 하나를 지배하는 통치자였다. 지구 곳곳에 퍼져 있는 그의 무역항로와 식민지들을 잉글랜드의 6배에 이르는 해군력이 굳게 지키고 있었다. 그런데 드레이크가 나타나 스페인 무역항로의 취약점들을 극적으로 증명해 보였으며, 그후 잉글랜드의 다른 뱃사람들은 드레이크가 거쳐간 항로를 그대로 따르기 시작했던 것이다.

드레이크는 1577년 여왕의 암묵적인 동의하에 역사적인 항해길에 올랐다. 아프리카 서부해안을 따라 내려가며 스페인과 포르투갈의 선박들을 괴롭힌 다음, 대서양을 건너 남아메리카로 향했다. 그는 '하나님의 분노' 그 자체라고 느끼도록 했던 강풍을 헤치며, 남아메리카 대륙 끄트머리에 있는 험한 마젤란 해협을 대담하게 뚫고나갔다. 시련과도 같은 악천후 속에서도 그는 스페인 상인들이 잉카 제국과 신세계의 다른 신민들로부터 힘들게 빼앗았던 재물들을 노략질해서 골든 하인드 호에 실었다. 돌아오는 길에는 사나운 폭풍과 스페인 함대가 기다리고 있을 마젤란 해협을 피하고, 대신 서쪽으로 방향을 틀어 끝이 보이지 않는 태평양으로 접어들었다. 68일 동안 육지 하나 없는 망망대해를 항해한 끝에, 당시 인도네시아의 우화에 나오는 향료섬들이 모여 있는 몰루카 제도에 이르렀다. 그

양을 횡단해 향료섬에 갔다가 귀국하기까지의 항로가 표시되어 있다. 그는 스페인의 보물들뿐 아니라 코코넛 같은 이국의 특산물들을 가져와 여왕을 기쁘게 했다. 오른쪽 그림은 여왕이 코코넛으로 만든 기념 고블렛(goblet, 굽 달린 잔)이다.

는 그곳 테르나테 섬의 술탄을 만난 다음, 완전히 지구를 한 바퀴 돌아 고국으로 돌아왔다.

바다 위에서 드레이크는 귀족 취향을 누리면서도 또한 서민적인 정서를 잘 보여주었다. 그는 비올 연주자들의 세레나데를 들으며 자신의 문장이 새겨진 은접시에 식사를 했다. 때로는 그의 시동인 사촌동생 존 드레이크와 몇 시간이고 선실에 박혀서 외국에서 보았던 기이한 새들, 나무들, 그리고 여행 중 만났던 다른 신기한 일들을 그림으로 남겼다. 물론 그는 더없이 무서운 상관이었지만, 때때로 부하들이 하는 아주 천하고 힘든 일을 돕기도 했다. 철저한 프로테스탄트였던 그는 때로는 하루에도 몇 시간 동안이나 예배를 드렸으며, 일요일에는 선원들에게도 기도를 하고 〈시편〉을 노래하도록 명령했다. 하지만 그는 자신이 이룩한 업적에 대해선 하나님의 은총만큼이나 타고난 자신의 재능을 믿고 있었다. "이 세상 어느 누구도 나보다 항해술을 더 잘 알지 못한다"고 그는 자랑했다.

1580년 가을, 드레이크와 그의 선원들이 돌아왔다. 세계일주를 한 최초의 잉글랜드 사람들이었다. 런던의 거리거리마다 온통 드레이크에 대한 이야기로 술렁거렸다. 그의 이름은 친구에게도 적에게도 똑같이 알려졌다. 런던 주재 스페인 대사는 그를 "미지 세계의 도둑 왕"이라고 불렀다.

스페인의 눈에는 이것이 잉글랜드의 '해적 행위'로 비쳤지만, 잉글랜드 사람들은 이권을 찾아 공해(公海)에서 경쟁할 수 있는 그들의 권리에 대한 적법한 행동이라고 옹호했다. 잉글랜드는 해군력만 비교할 때는 스페인에 비해서 초라했지만, 대신 더 많은 상선을 보유하고 있었으며, 또 최근 스페인과의 경쟁에서 엄청난 자산을 쌓게 된 모험심 넘치는 선장과 선원들을 가지고 있었다. 그럼에도 엘리자베스는 막강한 권력자와 전쟁을 벌일 경우에 따르는 위험을 계산해야만 했다. 노골적인 갈등은 피해야 했다. 여기서 그녀는 비공개적인 모험가들(드레이크처럼 약탈자의 성격이든, 아니면 무역, 개발 또는 식민지에 대

1585년 케이프베르데 섬에 있는 스페인 령 산티아고에서의 전투 모습. 프랜시스 드레이크의 전함들이 스페인의 해안 포대에 집중포격을 하는 사이, 그의 군사들은 마을로 진격해 방어군을 밀어냈다. 비슷한 전법으로 드레이크는 플로리다의 세인트오거스틴을 비롯해 신세계에 있던 스페인의 전진 기지들을 계속 약탈했다.

156

한 열정이든 간에)로 펠리페에게 도전하는 약은 방법을 선택했다. 하지만 겉으로 평화롭게 보이든 아니면 크게 잘못된 것으로 보이든, 이런 방법들은 결국엔 잉글랜드와 스페인 사이의 긴장을 더하는 쪽으로 작용했다. 엘리자베스와 그녀의 군대는 스페인 함대와의 정면대결을 피할 수 없게 되었다.

여왕은 드레이크나 그의 타고난 동료 월터 롤리 경처럼 장기적인 안목을 가진 사령관들을 격려하고 사기를 북돋아줌으로써 세계사의 한 기념비가 될 이 권력투쟁을 준비하고 있었다. 이러한 모험가들은 단순히 부와 영광을 위해서가 아니라 여왕에 대한 충성, 그리고 왕국에서 여왕의 신앙을 정당화시키려는 열망으로 위대한 공적을 세울 것을 맹세했다. 그들은 여왕의 희망과 기도를 안고서 난바다로 나갔으며, 돌아와서는 여왕의 치하와 총애를 받았다.

리처드 매독스는 난바다로 향하는 거친 모험에는 어울리지 않는 지원자로 보였다. 슈롭셔 토박이로 35세의 그는 성공회 성직자이자 학자이며 옥스퍼드 대학교의 명예 교우였다. 하지만 그의 후원자인 레스터 백작인 로버트 더들리(그는 처음엔 기마 관리관으로 여왕을 만났지만 이제는 엄연한 추밀 고문관이자 옥스퍼드 대학교의 총장이었다)는 극동 무역항로 개발을 위한 탐험대를 조직할 때 원정대의 군목으로 매독스를 추천했다. 그렇게 해서 1582년 1월 오늘, 매독스는 런던에 있는 상인 그룹 본부인 머스코비하우스에서 그 유명한 프랜시스 드레이크 경을 위시한 면접관들과 대면하게 되었던 것이다. 그들은 매독스의 자격증명서와 그가 바라는 보수 지급 방식에 흡족해했다. 매독스의 일기에는 그때 "나는 소득을 얻기 위해서가 아니라 '나의 나라에 기꺼이 봉사하기 위해서'라고 대답했다"고 씌어 있다.

매독스의 희생적인 모습이 군목으로서는 매력이 있다고 하더라도, 투자자들로서는 당연히 이익이 남는 장사를 바랐다. 탐험대는 드레이크가 테르나테 섬의 술탄을 만났던 몰루카 제도로 가는 길을 되짚어갈 생각이었다. 그곳은 절인 고기나 신선한 육류의 맛을 더해주는 정향이 풍부한 지역이었다. 엘리자베스는 적어도 아직까지는 어떤 식으로든 펠리페를 자극하는 일은 피하고 싶어했다. 이번 탐험대원들은 약탈을 중지하고 어디까지나 무역에만 정신을 쏟아야 한다. 그러나 과연 그들이 드레이크를 모방하고 싶은 충동을 얼마만큼 억누를 수 있을지는 그 누구도 장담할 수 없는 일이었다.

드레이크 자신이 이번 모험의 투자자이자 레스터의 조언자였다. 그는 700파운드 가까운 돈을 들여 작은 배 프랜시스 호를 만들고, 지난번 항해에서 생사고락을 함께했던 동료들을 불러모으는 등 협조를 했다. 예전에 시동으로 일했던 사촌동생 존 드레이크는 이제 어엿한 20세 청년이 되어 원정대 중 하나인 프랜시스 호의 지휘를 맡았다.

원래 원정대 지휘관으로 뽑혔던 사람은 거친 북극해 항해를 세 번이나 이끌었던 베테랑 마틴 프로비셔였다. 하지만 그는 개인 사정 때문에 마지막 순간 빠져야 했고, 대신 북극해 항해에서 프로비셔의 부관 중 한 사람이었던 에드워드 펜턴에게 이 일이 맡겨졌다. 그는 군인 이상도 이하도 아니었다. 펜턴은 스페인 사람들로 북적거리는 마젤란 해협을 피하고 대신 아프리카 최남단에 있는 희망봉을 돌아 동진해 향료섬으로 향하라는 지시를 받았다.

1582년 5월 1일, 예정보다 4개월 늦게 펜턴이 이끄는 선단은 잉글랜드를 떠났다. 존 드레이크가 지휘를 맡은 프랜시스 호와 소형 보급선인 엘리자베스 호, 그리고 커다란 전함인 갈레온 레스터 호와 에드워드 보나벤처 호였다. 2척의 전함에는 어떤 적과 만나도 대적할 수 있는 40기가 넘는 대포가 실려 있었다. 펜턴은 갈레온 레스터 호의 선장이었고, 그의 부관인 루크 워드는 에드워드 보나벤처 호를 지휘했다. 그들은 워드가 훗날 '문제가 많았던 항해'라고 심각하게 표현했던 사건들을 이겨내야만 했다. 사실 이번 탐험은 '이런 게 헛수고다'의 표본이었으며, 또 자신만만해하던 잉글랜드의 뱃사람들에게 먼 곳의 부를 좇는 일에서 스페인과 대적하기 위해서는 자신들이 배워야 할 것이 얼마나 많은지를 보여주었다.

　이 원정대가 겪은 불운들을 연대기로 기술한 사람은 매독스였다. 그는 갈레온 레스터 호를 타고, 뛰어난 관찰력으로 항해일지뿐 아니라 자신의 일기를 통해서 공식기록원의 임무를 성실히 수행했다. 그의 어조는 매우 통렬하고 비판적이었으며, 내용을 훔쳐보려는 눈으로부터 숨기기 위해 때로는 라틴어나 그리스 어 표제어를 싣기도 하고, 또 때로는 자신이 고안한 암호들을 이용했다. 그는 배에 탄 지체 높은 관료들보다는 뱃사람들과 사이가 좋았다. 뱃사람들 대다수는 이전에 드레이크나 프로비셔를 섬겼던 자원자들이었다. 나머지 사람들은 여왕에게 감동을 받아서 지원했거나 여왕의 권위에 눌려 반강제로 바다에 나왔다. 어떤 경우이든 그들의 운명은 아주 가혹한 것이었기

엘리자베스 시대에 선장들은 배에서의 질서와 평화 유지를 위해 행동수칙을 정했으며, 이 규율을 어기는 선원은 혹독한 처벌을 받아야 했다. 다음은 드레이크의 사촌 존 호킨스 경의 규율이었다. "제 시간에 하나님께 예배드려라, 서로 사랑하라, 식량을 아끼고 잘 보존하라, 불조심하라, 그리고 동료들과 사이좋게 지내라."

선장의 명령을 어기거나 죄를 지은 사람은 자비를 기대할 수 없었다. 드레이크는 골든 하인드 호에서 있었던 한 재판에서 그에게 항명한 남자를 심문하면서 이렇게 물었다. "잘 생각해라, 만약 내가 죽는다면 너는 어떻게 되었을까?" 배심원들은 그의 말을 깊이 생각한 다음, 남자를 죽이라고 했다. 다른 공격자들도 비슷하게 엄벌에 처해졌다. 살인을 한 사람은 희생자의 시체와 함께 묶여 배 밖으로 던져졌다. 상관에게 칼을 꺼내든 사람은 누구를 막론하고 오른손이 잘려졌으며, 도둑질을 하다가 들키면 바닷물 속에 세 번 처박혔다가 다음 상륙지에 버려졌다.

에 매독스는 그들을 동정했다.

매독스는 펜턴과 그의 부관들이 저지르는 만행을 어떻게 해서라도 줄여보려고 최선을 다했다. 매독스의 기록에 따르면, 펜턴은 여왕에게 받은 국새(國璽)로 "명령하고, 통치하고, 지배하고, 감금으로 교정하고, 벌을 주고, 폭력을 행사하고, 사형하는 등" 온갖 '절대권력'을 휘둘렀다. 물론 엄격한 규율이 절대적으로 필요한 상황이기는 했다. 음식과 음료수는 엄격히 제한되어 배급되었으며, 화재나 폭발 위험 요인이 되는 초 한 자루도 함부로 쓸 수가 없었다.

바다 위에서 받는 벌 중에 다리에 기다란 차꼬를 채우는 것이 있었다. 한 사관이 회식 자리에서 펜턴을 모욕한 죄로 차꼬를 차게 되었는데, 매독스와, 에드워드 보나벤처 호의 군목 존 워커가 중재해서 간신히 그는 벌을 면할 수 있었다. 또 셔츠 한 장을 훔친 목수의 아들이 활대 끝에 매달린 채 바닷물 속에 처박히는 벌을 받게 되었을 때도 매독스는 자비를 호소했다. "나는 우리 마음속에는 잔혹함이 있기 때문에 하나님께서 우리를 보내신 것이라고 설명했다"라고 그는 썼다.

항해 중에 식량은 언제나 고민거리였다. 선원들은 식량 선적 책임자였던 마틴 프로비셔를 원망했다. 매독스는 "선원들은 출항할 때부터 큰 부정행위가 있었으며 선적 책임자가 많은 이익을 챙겼다고 짐작하고 있었는데, 이것은 결코 생트집이 아니었다"라고 썼다. 선원들이 던진 낚싯바늘이 빈 채로 다시 올라오자, 매독스는 충분한 양식 없이 바다로 나가는 것은 어리석은 짓이며, 날치들이 날아서 "돛에 코 박고 죽기를 기대하는 것은 허망한 바람"이라고 적었다. 설상가상으로 선원들은 런던에서 실어온 맥주들을 모두 동을 냈다. "그것은 우리 모두에게 마치 신들이나 마신다는 넥타처럼 보였다. 물을 담은 큰 통들이 부식되기 시작해 신선한 물도 얼마 남지 않았다."

괴혈병은 이번 항해를 비롯해 그 시대의 많은 항해에 재난을 안겨주었다.

항해를 시작한 지 몇 달이 지나자 이미 40명이 괴혈병을 앓고 있다고 또 다른 군목 워커는 기록했다. "그것은 그들의 다리에서부터 시작된다… 살이 물러지고 무릎 부분이 부풀어오른다… 이가 흔들리고 잇몸이 퉁퉁 붓는다." 원정대가 배를 수리하고 신선한 물을 얻기 위해 아프리카 서해안에 있는 시에라리온에 도착했을 때, 괴혈병을 앓고 있던 많은 사람들은 레몬 등 신선한 과일을 먹자마자 신기하게도 회복되었다(영국 해군은 200년 후에야 괴혈병과 과일 섭취의 상관관계를 알게 된다. 영국 수병을 라이미(limey)라고 부르게 된 것은 그후 매일 라임 주스를 배급했기 때문이다).

매독스는 원정대 의사인 존 배니스터에게 신뢰가 가지 않았다. 비록 그가 옥스퍼드에서 내과의와 외과의 자격증을 받았다고는 하지만, 그는 열병을 비롯해 웬만한 병에는 그 시대 가장 흔한 치료법이었던 방혈로만 처방했기 때문이었다. 매독스가 "과도한 열로 피가 펄펄 끓는" 고통을 당했을 때, 이 의사는 그의 왼팔에서 피를 250cc나 뽑아냈다. 하지만 매독스가 "내 팔은 그후 점점 더 굳어가고 있다"라고 쓴 것으로 보아 그 결과는 전혀 바람직하지 못했던 것 같다. 매독스는 이 의사가 "기술도 약도 갖추지 못했기 때문에" 미래의 원정대는 "제대로 된 의약품들을 많이 준비하고 이것들을 정직한 상인에게 맡기는 게 반드시 필요하다"는 결론을 내렸다.

매독스는 항해사 토머스 후드도 미심쩍어했다. 그

배의 대목이 젊은 도제의 도움을 받아 컴퍼스를 이용해 선박 설계를 하고 있다. 배의 골조 재료로는 견고하고 항구적인 참나무가 많이 이용되어, 톱질꾼이나 목수의 힘을 시험하기도 했다.

자신이 항해에 관심이 많아 배에 오를 때 천문도표가 있는 책과 태양과 별들의 높이를 측정하는 기구를 챙겨왔다. 항해사들은 보통 정오에 태양을 관측한 다음, 천문도표에 의거해 위도를 계산하면서 배의 현재 위치를 확인했다. 이 방법은 배의 항로와 여행거리를 대충 계산하는 추측항법의 오류를 바로잡을 수 있었다. 하지만 후드는 다른 항해사들이 의지하는 책들과 도표들 없이도 뱃길을 이끌 수 있다고 자신만만해했다. 매독스는 이런 후드에 대해 "그는 항해사들의 우주형상지(宇宙形狀誌)에는 관심도 없다. 그는 이 세상에 나와 있는 모든 우주형상지보다 더 많은 것을 말할 수 있기 때문이다"라고 적었다.

하지만 후드의 자신감은 비합리적인 것으로 증명되었다. 아프리카 서부를 지나는 2주 동안은 구름 때문에 해나 별을 관측하기 어려웠는데, 그의 추측항법이 터무니없는 오차를 내는 바람에 선단은 엄청나게 먼 거리를 돌아가야만 했다.

매독스가 무엇보다 괴로웠던 일은 약탈과 관련된 것이었다. 출발한 지 몇 주일 후 플랑드르 상선 한 척이 포르투갈 해안을 출발했다는 정보가 들려왔을 때, 두 군목은 펜턴에게 제발 그 배를 건드리지 말고 보내 줄 것을 사정했다. 다음날인 일요일, 매독스는 해적행위가 얼마나 큰 죄인지 열심히

163

설명했다. 하지만 해적이 되고 싶어하는 사람들에게 그의 설교는 전혀 먹히지 않았다. 그들은 "우리는 하나님을 잘 섬기는 일보다는 스페인 사람의 생명과 물건을 망치는 일을 더 잘할 수 있다"라며 반박했다. 펜턴은 해적이나 할 못된 짓들을 앞장서서 부추길 뿐이었다. 더구나 그는 선원들과 함께 남대서양에 있는 세인트헬레나 섬을 식민지로 만들고 그곳의 왕으로 선언한 다음, 그 앞 바닷길을 지나는 포르투갈 선박을 나포해 살아갈 거라는 이야기도 들려왔다.

매독스는 일기에 펜턴을 "위대한 어떤 모험사업의 창조자" 드레이크를 잘못 흉내내고 있는 "우리의 철부지 왕"으로 한껏 비하했다. 하지만 펜턴에게는 드레이크가 갖추고 있던 뱃사람과 사령관으로서의 자질이 없었다. 그와 관료들, 그리고 후원자들이 보냈던 5명의 상인들과의 관계는 한마디로 불신과 불화였다. 원래 주요한 결정은 상인과 군목, 사관들이 모두 참석하는 평의회에서 내려야 했는데, 펜턴은 툭하면 상인들을 제외시켰다.

펜턴은 분명히 자신이 받았던 지시들을 따를 의사가 없었을 뿐 아니라 지시 불이행에 대한 구실도 이미 마련해두었다. 바람이 협조를 해주는 시기에도 그는 희망봉으로 가는 길을 자꾸 지연했으며, 결국엔 '아주 특별한 사고를 당한 경우를 제외하곤' 항해를 금지하라는 지시를 무시하고 대서양을 건너 마젤란 해협으로 향하고자 했다. 평의회도 그의 계획을 지지했다. 그는 드레이크가 갔던 항로를 따라 마젤란 해협을 통과해 남아메리카 서쪽 해안으로 가서 스페인의 보물을 마음대로 약탈하고 싶었던 것이다.

하지만 애초에 경고를 받았던 것처럼, 마젤란 해협 일대에는 한창 스페인의 요새들이 세워지고 있었다. 12월 초, 펜턴은 브라질 해안에서 나포한 포르투갈 선박으로부터 적어도 15척의 스페인 함대가 해협으로 향하고 있다는 무시무시한 사실을 확인할 수 있었다. 그로서는 평의회를 다시 소집할 수밖에 없었다. 이제 마젤란 해협을 포기하고 대신 브라질 해안에 있는 상비센테 섬으로 뱃머리를 돌리기로 결정을 내렸다. 그곳에서 펜턴은 자신을 왕으로 선언하고 포르투갈 선박의 화물을 가로챌 생각이었다. 하지만 변경된 이 계획은 존 드레이크를 화나게 만들었다. 그는 펜턴에게 배 2척을 남겨두고 혼자서 그 해협을 통과하기 위해 선단에서 이탈했다(펜턴은 이전에도 아주 귀한 쌀과 상아를 사기 위해 엘리자베스 호를 헐값에 팔아넘긴 적이 있었다). 존 드레이크의 반발에 뜨끔한 펜턴은 '정직한 거래'를 하겠다는 약속과 함께 상비센테 섬으로 향했다.

그의 진짜 속마음이 무엇이었든 간에, 펜턴이 2척의 배를 이끌고 1583년 1월 상비센테에 입항했을 때 그들은 그곳 사람들로부터 차가운 냉대를 받았다. 이제는 스페인의 명령을 받고 있던 그곳의 포르투갈 인들은 거래를 하지 않으려 했다. 드레이크의 약탈 이후 잉글랜드 배들과의 상거래를 철저하게 금지하고 있던 펠리페 2세의 분노를 살 것이 두려웠기 때문이다. 설상가상으로 마젤란 해협에 있던 스페인 배 3척이 달려왔다. 펜턴은 그때의 광경을 "그들은 우리에게 조용한 휴식시간을 주기보다는 우리와 싸울 작정인 것처럼" 보였다고 건조하게 기록했다.

그날 밤 10시경, 밀물 시간과 때를 맞추어 스페인 인들이 달려들었다. 싸움은 다음날 새벽 4시까지 계속되었고, 펜턴의 배는 스페인 배 한 척을 침몰시켰다. 하지만 그는 이 싸움을 돈으로 만들어내지 못했는데, 그의 부하들이 52.5갤런짜리 포도주통을 비우고 완전히 취해버린 통에 더 이상 싸울 수가 없었다고 기록은 말해주고 있다. 루크 워드가 지휘를 맡았던 배 한 척만이 외로이 스페인 배 2척을 상대로 고군분투해야 했다.

그후 워드와 그의 선원들은 지휘관으로부터 떨어져나가 펜턴보다 1개월 늦은 1583년 5월에 잉글랜드로 돌아갔다. 이번 탐험은 재앙만을 남겼다. 출발할 때의 인원 중 3분의 1 이상이 목숨을 잃었다. 그중 상당수는 질병 때문에 죽었는데, 두려움을 모르는 군목이자 연대기 작가 리처드 매독스도 여기에 포함되어 있었다. 그는 2월, 홀로 남겨진 펜턴의 배에서 병에 걸려 죽었다.

극동항로 개발 임무에 차질이 생긴 것도 문제였지만, 프랜시스 드레이크 경은 무엇보다도 실종된 사촌동생의 안부가 가장 큰 걱정이었다. 존 드레이크의 배는 남아메리카 동부 해안에서 스페인 배들에게 나포되었고, 그는 포로로 잡혀 종신형을 선고받았다. 사촌동생의 비보를 뒤늦게 듣게 된 드레이크에게 이제 세상 그 무엇도 스페인에 대한 그의 적의를 막을 수는 없었다. 펜턴 선단은 애초 약탈이 아니라 평화적 의도로 원정을 시작했지만 실패로 끝났고, 이 실패는 스페인과의 긴장을 고조시키고 엘리자베스에게 펠리페와의 전쟁에 한 걸음 더 가까이 다가가게 만들고 말았다.

드레이크의 사촌동생이 실종된 지 얼마 안 되어 월터 롤리도 핏줄을 잃는 슬픔을 겪었다. 1583년 9월, 그의 의붓형 험프리 길버트 경이 뉴펀들랜드 원정에서 귀국하던 중 표류 끝에 바다에서 죽었다는 소식이 들려왔다. 길버트는 비록 용감무쌍한 뱃사람이나 사령관은 아니었지만 잉글랜드의 미래는 식민지 건설과 무역에 달려 있음을 인식했던 선견지명을 가진 인물이었다.

16세기 지도책이자 항해 안내서였던 〈마리너스 미러〉의 표지에는 측연(測鉛)으로 수심을 재는 선원들 주위에 여러 가지 다양한 항해도구들이 장식되어 있다.

# | 항로와 과학의 발전 |

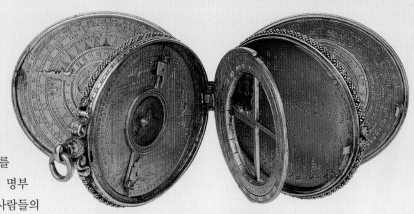

신세계와 극동항로 개발을 목적으로 했던 수
차례의 항해는 잉글랜드에 영광과 부를 안겨주
었을 뿐 아니라 바다에 대한 과학적 이론과 실
제에서도 변화를 일으켰다. 이러한 원정탐험들은
시간이 지나면서 지구 위에 여백으로 있던 자리를
메워갔으며, 또 식물·동물·인종에 대한 과학적 명부
들을 빠른 속도로 확대시키며 세계를 바라보는 사람들의
시각을 바꾸어놓았다. 멀리 떨어져 있는 땅들을 탐험하고 발견하려
는 충동은 직접적으로는 항해기술과 천문학, 수학 등 항해술과 관련된
학문의 발전을 자극했다. 보다 정확하게 천구를 관측하고 배의 위치를
계산하는 도구들이 발명되었다. 이러한 발전을 이룩해내고 적용했던 사
람들은 이제 더 이상 중세의 학자들이나 고대인들이 남겼던 가르침을 맹
목적으로 따르지 않았다. 그들은 '관찰과 검증'에 기반을 둔 과학적 조
사로 새로운 항로를 도표로 만들어가고 있었다.

그중에서도 엘리자베스 여왕의 왕실 점성가 존 디는 전통 학문과 새로
운 과학 사이의 깊은 틈을 메워준 대표주자였다. 점성학이 고대로부터
전해져내려온 신비스러운 기술이긴 했지만, 디와 함께 점성학 지식에 정
통했던 다른 사람들은 새로운 사실들을 계속 밝혀내는 천문학자들에게
서 눈을 떼지 않았다. 디는 당시 유럽에서 가장 정교한 천문기기들을 입
수하고, 덴마크의 위대한 천문학자 티코 브라헤와 교유했으며, 뛰어난
자신의 관찰력에 수학적 재능을 결합시켜 항해술을 발전시키고자 했다.

유클리드 기하학의 권위자였던 존 디는 배가 극지방 가까이에서 항해
할 때에는 수학원칙들을 적용해 지구의 점점 늘어나는 곡률(曲率)을 고려
해 배의 현재 위치를 계산하도록 했다. 디는 작가와 교사로서도 엄청난
영향력을 발휘했다. 난바다로 나가려는 잉글랜드의 수많은 선장들과 항
해사들, 그리고 전도유망한 젊은 학자들은 그에게 배우고 깨달음을 얻었
다. 이런 그의 제자들 중에는 토머스 디기스와 토머스 해리엇도 있었다.
디기스는 우주의 중심은 지구가 아니라 태양이라는 코페르니쿠스적 관

1569년에 발명된 컴펜디움(compendium).
나침반, 해시계, 북극성을 찾기
위한 야간시각 측정기, 그리고
위도와 조수를 알려주는 일람표 등
항해에 필요한 여러 가지
도구들이 하나로 결합되어 있다.

행성들이 태양을 중심으로
공전하고 있음을 설명하는
1576년의 그림. 별들은
'천상의 천사들이 살고 있는
하늘의 궁전'이라는 시각에
일대 혁신이 일기 시작했다.

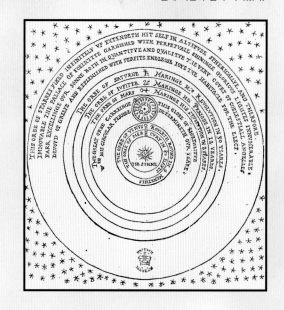

1597년 존 제라드가 펴낸 식물의 〈역사〉에 실려 있는 6종류의 붓꽃들.
이 책에는 다양한 식물들의 의학적 특징과 함께 1,800점의 그림이 실려 있다.
제라드는 그중 몇 종류를 자기 집 정원에서 직접 재배했다.

점을 대중들에게 널리 알렸으며, 토머스 해리엇은 1585년 월터 롤리 경이 조직했던 최초의 신세계 식민지 탐험대에서 항해사이자 과학 고문관으로 일했다. 탐험대는 또한 '자연세계의 발견'을 이끌어냈는데, 이것은 하늘을 꼼꼼히 관찰했던 천문학자들의 업적만큼이나 사람들에게 많은 도움을 주었다. 해리엇과 매독스(그는 1582년 남대서양으로 떠난 잉글랜드 원정대의 슬픈 운명을 연대기로 기록한 군목이었다)는 이미 밝혀진 종(種)들에 새로운 지식을 추가하고 또 완전히 새로운 종들을 발견해냈다.

동물들과 식물들에 대한 새로운 지식을 기술하고 분류하는 만만찮은 작업은 상업적 가치와 의학적 가치라는 실용적인 측면에 중심을 두었다. 자연세계에 대한 이러한 정보는 외국으로 떠나는 탐험대에게 성공과 실패를 가르는 갈림길이 될 수 있었다.

또 국내에서는 오랫동안 불치병으로만 여겨졌던 질병들의 효과적인 치료법을 찾는 길잡이 역할도 할 수 있었다. 이발사이자 외과의사였던 존 제라드는 토박이 식물과 외국에서 들여온 식물을 정교하게 그려내고 각 식물이 지니는 의학적 특징들을 기술한 백과사전을 출판했다. 향료를 이용한 이 건강 안내서는 베스트셀러가 되었으며, 과학에 근거한 정보가 차츰 민간요법을 물리치고 있음을 보여주는 좋은 사례가 되었다.

the flyynge fish

echinos marinus
the sea yrchin

delphinos hispanice
Alberone

성직자 리처드 매독스가 스케치한 열대어와 성게. 성직자
이면서 과학적 탐구욕이 강했던 그는 1582년 로버트 더들리가
조직했던 원정대에 참가해 꼼꼼한 항해일지를 남겼다.

그는 죽기 5년 전 엘리자베스 여왕으로부터 북아메리카에 최초의 잉글랜드 식민지 건설면허를 받았다. 롤리는 길버트가 이루지 못했던 일을 이어받았다. 북아메리카 식민지화에 공격적으로 매진함으로써 스페인과의 싸움을 부채질할 참이었다. 스페인은 벌써 플로리다의 세인트오거스틴에 전진기지를 세웠으며, 북부 해안선 여기저기에 요새들과 선교단체들을 만들어놓은 상태였다.

길버트가 죽었을 당시 롤리는 부와 땅을 갈망하는 30세의 사내였다. 드레이크와 같은 고향인 데번셔에서 하급 젠틀맨 집안의 막내로 태어난 그는 항해 경험이 많은 수완 좋은 선원이었으며, 또한 여왕을 위해 교황의 용병들과 아일랜드 반란군에 맞서 싸웠던 군인이기도 했다. 그는 아찔할 정도의 미남에 키는 보통 남자들보다 한 뼘은 더 큰 6척 장신이었다. 사색에 잠긴 듯한 눈빛, 짙은 머리색과 잘 다듬은 수염은 날카로운 그의 이목구비를 한층 돋보이게 했다. 그는 자신의 야심을 보란 듯이 언제나 밝은 색의 화려한 옷과 번쩍거리는 보석들을 걸치고 다녔다. 동시대인이 관찰한 바에 따르면 그는 "가증스러울 정도로 건방졌으며", 또한 다혈질로 쌈박질을 잘하는 바람에 두 번이나 감옥 신세를 지기도 했다.

의붓형 길버트의 유업을 이어받는 데 있어 롤리에겐 한 가지 특별한 장점이 있었다. 1581년

말 아일랜드에서 돌아온 이후부터 그는 엘리자베스의 총애를 받았다. 여왕의 축복 없이 1578년 결혼함으로써 여왕의 총애를 잃어버렸던 레스터와는 분명한 차이가 있었다. 롤리에겐 여왕을 향한 그의 헌신을 되돌리게 할 아내가 없었다. 가히 전설의 재료가 될 만한 그의 기사도도 오직 여왕만을 향했다.

그가 여왕의 발이 젖지 않도록 자신의 외투를 벗어 길에다 깖으로써 그녀의 호의를 얻어낸 것은 너무도 유명한 이야기이다. 또 반지에 박혀 있는 다이아몬드로 유리창에 줄을 그어 엘리자베스에게 구애했다가 실연당한 낭만적인 시인의 모습으로 그려진 화려한 일화도 남겼다. "나는 떨어지는 것이 두렵지만 기꺼이 기어오르겠습니다." 전해지는 말에 따르면, 이때 여왕은 "만약 그대의 심장이 떨린다면 기어오르지 마시오"라고 응답했다고 한다.

이러한 이야기들이 얼마나 사실에 가까운지를 떠나서, 엘리자베스는 아들 나이뻘인 이 달변의 모험가에게 진심으로 사로잡혀 있었다. 처녀 여왕으로서의 소중한 명성도 남성다움과 용기와 재치를 갖춘, 그녀의 이상적인 남자와의 순수한 사랑을 막을 수는 없었다.

의붓형이 죽은 지 6개월 뒤인 1584년 3월, 여왕은 롤리에게 "실제로 어떤 기독교 군주의 소유가 아닌 나라들과 영토들을" 점령하는 것을 허락하는

버지니아 식민지를 계획했던 월터 롤리 경(오른쪽 원 안)은 식민지 선전만큼 정착촌의 위치 선정을 잘하지는 못했다. 그는 선발대의 보고서에 고무되어 오늘날 노스캐롤라이나 해안에서 떨어져 있는 로어노크 섬(아래 왼쪽)을 식민지 정착촌으로 선택했다. 하지만 갑자기 그 지역에 전염병이 돌았으며, 식민지 정착민 존 화이트가 그린 아래의 그림처럼, 거친 폭풍우와 사나운 모래톱으로 인해 그곳은 그의 선박들의 무덤이 되어버렸다.

북아메리카 식민지 개척 특허장을 주었다. 이로써 롤리는 식민지 정착촌 위치 선정에 폭넓은 위도를 확보했으며, 일단 식민지를 세운 후엔 그곳에서 엄청난 권력을 행사할 특권을 가졌다. 그 보답으로 그는 그곳에서 캐낸 금과 은의 15분의 1만 여왕에게 지불하면 그만이었다. 일단 특허장으로 무장하자 그는 2척의 답사선을 북아메리카 동쪽 해안으로 보내는 등 본격적으로 탐험준비를 시작했다.

롤리는 여왕이 제공해준 궁전처럼 으리으리한 더럼 하우스에서 머물며 템스 강을 내려다보았다. 그가 식민지 건설을 위해 불러모은 사람들 중에는 옥스퍼드 출신의 총명한 젊은 과학자이자 수학자인 토머스 해리엇이 있었다. 해리엇은 더럼 하우스 맨 위층에 사무실을 차리고, 롤리의 원정대 지휘관들에게 펜턴에게는 절대적으로 결여되었던 전문적인 항해술을 습득시키기 위해 온힘을 쏟았다. 해리엇은 지붕 위에서 천체관측을 하고, 새로운 항해도구와 기술들을 발명했다. 또한 롤리의 항해사들, 선주들, 선장들에게 항해에 대한 강의도 했다. 롤리도 바다에서 불운했던 형에 대한 한을 가슴에 품고 이 강의를 들었다.

롤리는 엘리자베스 여왕의 재정지원을 이끌어내기 위해 대대적인 선전작업을 시작했다. 이 일에는 젊은 성직자이자 파리 주재 영국 대사의 서기였던 그의 친구 리처드 해클루트의 도움이 절실했다. 그는 해클루트에게 런던으로 돌아와서 북아메리카 식민지를 개발할 경우 어떤 이점이 있는지를 밝히는 논문을 써달라고 부탁했다. 해클루트는 오래 전부터 신세계에 원정을 했던 프랑스의 베테랑들과 교분이 두터웠다. 그는 롤리의 부탁대로 잉글랜드가 북아메리카에 식민지를 둘 경우 스페인 제국의 공격을 막을 수 있으며, 포도주·올리브유·금은 등 귀중한 상품의 수출기지를 만들 수 있다는 논문을 완성했다.

게다가 롤리에게는 너무도 반갑게도, 그가 신세계에 파견했던 정찰대가 돌아온 후 작성한 보고서에도 해클루트의 낙관적인 관점이 그대로 들어 있었다. 그들은 오늘날 노스캐롤라이나 주에 있는 로어노크 섬에서 "아주 유순하고 사랑스러우며 믿음이 가는, 교활함이나 배반은 전혀 모르는" 원주민들을 만났다. 그곳의 땅은 잉글랜드에서 가져간 콩을 심으니 열흘 만에 35cm나 자랄 정도로 "전세계에서 가장 좋은 경작지에 달콤하고 많은 열매를 맺으며 건강"했다. 원정대는 또한 만테오와 완체스라는 인디언 2명을 데리고 왔다. 인디언들은 기꺼이 먼 여행을 따라왔으며, 해리엇에게 그들의 알공킨 어를 가르쳐주었다. 롤리는 인디언들 사이에서 유행하던 갈색 태피터 옷을 입혀 여왕을 알현하게 했다. 엘리자베스는 그들에게 매혹되었으며, 다른 세계에서 온 이 방문객들은 런던의 인기인이 되었다.

롤리는 새로운 땅의 이름을 처녀 여왕의 이름을 따서 '버지니아'로 불러도 좋다는 여왕의 허락을 받아냈다. 1585년 초 여왕은 그에게 '버지니아의 영주이자 총독' 월터 경으로 기사 작위를 주었다. 여왕은 나중에 그를 또 다른 영예인 여왕의 친위대장으로 임명하고 아일랜드의 광활한 영지와 다른 땅들을 하사했다. 한번은 여왕이 놀리듯이 물었다. "경은 언제쯤에야 거지 신세를 면하겠는가?" 그는 "폐하가 은혜 베풀기를 그만두실 때"라고 응수했다. 하지만 여왕은 스페인의 심기를 건드릴 사업에 왕권이 공개적으로 개입한다는 인상을 남기고 싶어하지 않았다. 그녀는 롤리에게 축복을 내려주며 왕실 소유의 선박을 이용할 수 있는 권한도 주었다. 하지만 원정대 자금은 롤리 자신과 투자자들의 지갑에서 만들어내야 했다.

롤리는 식민지 원정대에 직접 참여할 수 없었다. 그에겐 충격적이고도 실망스럽게도, 엘리자베스는 아끼는 대신을 밖으로 내놓지 않기로 결심했던 것이다. 롤리는 원정대 사령관직을 친척인 리처드 그렌빌 경에게 넘겨야 했다. 원정대가 로어노크 섬에 일단 상륙한 다음에는 랠프 레인이라고 하는 괄괄한 군인이 식민지 건설에 대한 책임을 맡게 될 것이다. 1585년 4월, 6척의 배에 600명이 나누어 타고(그중 100명은 로어노크 섬에 정착할 계획이었다) 플리머스 항을 출발했다. 토머스 해리엇은 항해감독이자 식민지의 과학고문관, 박물학자, 그리고 인디언들과의 교섭 책임자로 봉사하게 되었다.

몇 달 후 롤리가 자신이 던진 주사위의 성공 여부에 안달하는 사이, 드레이크는 훨씬 큰 규모의 탐험대를 조직했다. 신세계에서 막대한 부를 거두어들이고 있던 스페인을 직접 겨냥한 탐험대였다. 엘리자베스 여왕은 지금껏 보여주었던 조심성을 내팽개쳤다. 펠리페 2세는 최근 스페인의 항구들을 출입하던 잉글랜드의 곡물 상선들과 선원들에 대해서 출항 금지 명령을 내렸는데, 그의 선박 봉쇄에 대한 보복으로 엘리자베스는 드레이크에게 호전적인 약탈을 해도 좋다는 권한을 부여했다.

1585년 9월, 이제는 해군제독으로 임명된 드레이크는 20척이 넘는 선박과 최소한 2,300명이 넘는 군인들로 무장한 가공할 만한 선단을 출범시켰다. 첫 목표는 스페인 항구들에 억류되어 있는 잉글랜드 선박과 선원들을 해방시키는 것이었는데, 이 출항 금지가 풀렸다는 사실을 알게 되자 그는 곧바로 두 번째 임무에 매진했다. 그것은 그가 적당하다고 생각하는 모든 수단과 방법으로 펠리페 왕의 신하들을 약탈하는 보복강탈이었다. 그는 대서양을 날쌔게 가로질러 먼저 케이프베르데 섬에서 스페인 인들을 공격한 다음, 서인도제도에 있는 산토도밍고, 남아메리카의 북동 해안에 있는 카르타헤나, 그리고 플로리다의 세인트오거스틴을 약탈했다. 스페인의 전초기지를 깨끗이 소탕한 제독과 그의 부하들은 노획물을 가득 싣고서 롤리의 식민지 이주민들을 돕기 위해 로어노크 섬으로 올라갔다.

1586년 6월, 드레이크의 선단이 도착했을 때, 식민지 이주민들은 기아에 허덕이고 있었으며 사기는 땅에 떨어져 있었다. 1년 전 그들이 섬에 접근하는 과정에서 배 한 척이 모래톱에 걸려 침몰했던데다가 그때는 파종을 하기엔 너무 늦은 시기였던 것이다. 그 지역에서 자라는 이삭줄기도 시원찮았다. 대신 그곳엔 호기심을 불러일으키는 독한 담배 같은 것이 있었다. 해리엇은 담배를 "모든 숨구멍을 열어주고 온몸을 훑고 지나가며" 기운을 나게 하는 것이라고 적었다. 개척자들은 인디언들과의 장사에 의지하여 생계를 이어갔다. 처음에 인디언들은 새로운 사람들에게 호의를 보였지만 시간이 갈수록 스스로 자급하지 못하고 비참해 보이는 그들을 경멸했다.

결국 드레이크가 도착하기 꼭 1주일 전, 랠프 레인은 인디언들이 공격해올 것이라는 판단하에, 자신들을 고립시켜 공격에 취약하게 만들었던 인디언 대표 추장에게 선제공격을 퍼부었다.

Their greene corne

Corne newly

A Ceremony in their prayers
strange testures and songs dansd
about posts carued on the topp

결국 그들은 드레이크를 따라 잉글랜드로 돌아오지만, 폭풍우 속에서 다급하게 그곳을 떠나는 바람에 식민지 정착민 3명과 레인이 엘리자베스 여왕에게 선물하려고 준비했던 진주 목걸이를 비롯한 재산 일부를 남겨두어야 했다.

롤리는 이번 탐험대의 실패에 매우 가슴이 아팠지만, 여왕 앞에서는 은제 담뱃대를 물고 연기를 내뿜으면서 여왕을 즐겁게 해주려 애쓰며 계속 식민지 정책의 선전에 힘썼다. 그리고 곧 그 지역에 두 번째 식민지 정착민들을 보냈는데, 이번엔 남자들뿐 아니라 여자들도 있었다. 그러나 억지로 떠밀려 고국을 떠났던 정착민들은 로어노크 섬에서 자취를 감추었으며, 다시는 그들로부터 어떤 소식도 들려오지 않았다. 그후 잉글랜드가 버지니아에 지속적으로 식민지를 세우기까지는 20여 년의 세월이 흘러야 했다. 롤리의 대담성과 드레이크의 통렬한 약탈이 돋보였던 초창기의 원정 탐험대는 신세계 제국을 점점 넓혀가고 있던 스페인의 방어막에 구멍을 내고 그들을 괴롭혔다는 것으로 그 역할을 다했다. 원정에서 돌아온 드레이크가 자랑스럽게 "그곳엔

알공킨 부족(왼쪽, 존 화이트의 그림)은 왼쪽에 보이는 세코탄처럼 체계적인 부락을 이루고 살았으며, 능숙한 뱃사람인 동시에 뛰어난 경작자들이었다. 토머스 해리엇은 인디언들이 "퇴비도 없이, 동물 거름이나 다른 어떤 것도 없이" 옥수수를 재배한다는 사실에 무척 놀랐는데, 이것은 그들이 옥수수와 콩을 같이 심어 땅을 비옥하게 했다는 사실을 몰랐기 때문이다.

175

이제 아주 큰 구멍이 나 있고, 스페인 왕이 좋아할 만한 것은 거의 없다"고 선언했듯이 말이다.

펠리페는 엘리자베스의 이런 도전에 계속 당하고 있을 수는 없었다. 여왕은 드레이크에게 원정 권한을 준 것도 모자라 최근에는 스페인에 반항하는 네덜란드 프로테스탄트들을 지원하는 협정을 맺었으며, 그 싸움을 위해 군대까지 파견했다. 여왕은 이제 적대적인 군사행동을 숨기려 하지 않았다. 펠리페는 잉글랜드를 침공해서 여왕에게 보복하려 했다. 잉글랜드의 카톨릭 교도들이 도와주건 말건 이젠 상관없었다. 스코틀랜드 여왕 메리의 죽음은 모반을 일으켜서 엘리자베스를 퇴위시키겠다는 스페인의 희망을 무너뜨렸지만, 이것은 펠리페로 하여금 막강한 자신의 무적함대로 잉글랜드를 침공하는 계획을 밀어붙이게 만들었던 것이다.

그러나 스페인이 해전을 준비하고 있다는 사실은 외국 여기저기에서 암약하고 있던 잉글랜드의 밀정들에게 금세 감지되었다. 드레이크는 무적함대가 집결하기 전에 선제공격을 해야 한다고 여왕에게 조언했다. 엘리자베스는 여전히 가능하면 전쟁을 피하고 싶은 마음에 처음엔 망설였지만, 결국 싸움을 피할 수 없다는 결론을 내렸다. 그녀는 드레이크에게 "잉글랜드에 대한 공격을 준비하고 있는 스페인의 위협목적에 책임을 물을" 것을 명령했다.

1587년 4월 초, 드레이크는 20여 척의 배를 이끌고 출발했다. 여왕은 열흘 뒤 곰곰이 재고해보고는 그를 다시 불러들이려 했지만, 이미 때는 늦었다. 4월 19일, '여왕의 황금 기사'와 그의 일행은 발칙하게도 스페인의 항구 카디스를 공격했으며, 쉴 새 없는 대포 공격으로 25척이 넘는 스페인 선박을 불태우거나 침몰시켰다. 그런 다음 무적함대에 물과 식량을 나르는 큰 통들을 만드는 데 필요한 통널과 쇠테두리를 비롯한 재료들을 모조리 파괴했다. 그리고는 혼비백산한 스페인 사람들을 아조레스 제도 쪽으로 몰아내버렸다.

그 과정에서 10만 파운드 이상의 화물을 싣고 있던 스페인 배 한 척을 포획했다. 드레이크는 이때 지나칠 정도로 겸손을 떨며, 자신은 이제 겨우 "스페인 왕의 수염을 살짝 그슬린" 것뿐이라고 말했다. 하지만 스페인은 잉글랜드 침공을 1588년 뒤로 연기할 수밖에 없을 정도로 큰 타격을 입었다.

그사이 잉글랜드는 전열을 가다듬었다. 잉글랜드 해군이 움직일 수 있는 배는 처음엔 34척뿐이었지만, 여왕은 개인 소유의 배들을 징발해서 200척 가까이 늘려주었다. 그중에는 정찰선이나 보급선처럼 보조역할로만 쓸 수 있는 작은 배도 있었고, 게다가 모든 배를 한 장소에 모을 수도 없었지만, 몸집이 커진 선단은 자만심에 차 있는 130여 척의 스페인 무적함대를 향해 던지는 결연한 도전장에 다름아니었다. 엘리자베스는 전통에 따라 귀족을 함대 사령관으로 임명했다. 사령관에 임명된 그녀의 사촌 에핑엄의 찰스 하워드 경은 52세로, 실전 경험은 없었지만 바다를 잘 알고 있었으며, 자신에게 부족한 부분은 부사령관인 드레이크의 말을 경청할 줄 아는 지도자였다.

한편, 롤리는 왕국이 직면하게 될 일들을 여러 방식으로 준비했다. 여왕의 전쟁고문으로서 자신의 배 2척을 선뜻 내놓았으며, 콘월의 부총독으로서 지역 민병을 모집·무장하는 일을 감독했다. 잉글랜드 전역에서 민병들이 경계 태세에 들어갔다. 런던에서 멀지 않은 틸버리 캠프에는 침략자들로부터 수도를 사수하겠다는 1만 7,000명이 모여들었다. 다른 2만 명이 넘는 사람들은 일종의 예비역으로 콘월처럼 적이 상륙할 가능성이 있는 해안지역에서 적을 맞을 채비를 갖추고 있었다. 봉화 신호로 연락하기 위해 언덕 높은 곳에 타르를 묻힌 잔가지들을 담은 화로들이 설치되었다. 멀리서 적함의 모습이 나타나기만 하면 봉화가 타오르게 될 것이다.

1588년 늦은 봄에서 초여름에 이르기까지 드레이크는 언제라도 봉화가 오를 수 있다고 생각하며 경계를 늦추지 않았다. 하지만 펠리페의 무적함대는 겹치는 불운으로 발목이 잡혀 있었다. 먼저 사령관이었던 명망 높은 제독 산

타 크루스 후작이 죽었다. 펠리페는 메디나 시도니아 공을 그 후임으로 임명했다. 유럽 최대의 자산가이자 신세계 개척 선단을 내보내는 데 대단한 상술을 발휘했던 메디나 시도니아는, 자신은 함대를 지휘한 경험이 없으며 툭하면 멀미를 한다며 한사코 사양했다. 하지만 그는 종교적인 인간이었다. 결국 그는 교황이 세례를 주고 이름을 붙여준, 그리고 펠리페의 눈에는 성 십자군으로 보이는 '무적함대 아르마다'를 이끌겠다고 동의했다.

5월, 무적함대는 드디어 리스본에서 닻을 올렸는데, 이번엔 무시무시한 폭풍이 전함들의 전열을 흐트러뜨렸다. 7월 중순이 되어서야 그들은 영국해협으로 들어가는 넓은 입구인 콘월의 남쪽에 접근할 수 있었다. 메디나 시도니아는 가능하면 교전을 피할 생각이었다. 그대로 북동쪽으로 올라가 좁은 도버 해협을 통과한 다음, 펠리페 2세의 조카인 파르마 공작이 네덜란드에서 이끌고 나오는 주력 침공군을 지원할 계획이었다. 전쟁에서 산전수전을 겪은 1만 7,000명의 베테랑 용사들이 작은 배나 바지선을 타고 해협을 건넌 다음, 영국의 동부 해안에 상륙해 런던으로 진격할 계획이었다. 그사이 무적함대는 템스 강을 거슬러올라가 런던을 측면공격할 것이다.

하워드와 드레이크는 무적함대가 잉글랜드의 항구들과 수도 런던을 위협하기 전에 적의 진격을 방해하고 궤멸시켜야 했다. 7월 19일 금요일, 함대의 대부분이 플리머스 항에 정박해 있던 정오 무렵, 정찰선이 콘월의 남쪽 해상에 "수를 헤아릴 수 없이 많은 큰 배들이" 흩어져 있다고 보고했다. 리저드 반도로 알려진 그 곳은 플리머스에서 남서쪽으로 100km밖에 떨어져 있지 않았다. 잉글랜드 함대가 플리머스를 빠져나가려면 밤이 되고 썰물이 될 때까지 기다릴 수밖에 없었으며, 그후에도 맞바람 때문에 진행속도는 고통스러울 정도로 느리기만 했다.

7월 21일 일요일 아침이 되자 대부분의 배들은 플리머스 항에서 빠져나와 2개의 전대(戰隊)로 나누어 진격하는 무적함대의 양쪽에 전투대형을 갖추었다.

천사가 스페인 왕 펠리페 2세에게 월계관을 씌워주는 이 그림은 플랑드르 출신의 거장 페터 파울 루벤스의 작품이다. 펠리페는 교회와 수도원까지 설계된 그의 궁전 엘에스코리알에서 엘리자베스 여왕을 짓밟고 잉글랜드에 카톨릭 신앙을 회복시키는 전쟁에 신이 축복을 내려줄 것을 빌었다.

하워드와 드레이크는 바람을 이용하기 위해 적의 함대 약간 뒤편에 전대를 위치시켰다. 지금으로선 스페인 군대를 괴롭히는 것으로 만족해야 했다. 자칫 잘못하다가는 정면대결이 벌어질 위험이 있었다. 무적함대는 초승달 대형으로 정렬했는데, 한쪽 끝에서 다른 쪽 끝까지 3km가 넘었다. 수적으로나 배의 크기에서 무적함대가 훨씬 우세했다. 하워드와 드레이크의 함대가 이번 전투에서 쓸 만한 배가 105척인 데 비해, 스페인 함대는 125척이었다.

한 목격자는 탑처럼 높이 솟은 스페인 전함들이 "마치 성채의 작은 탑처럼 높았다"고 놀라워했으며, 그 배들은 "돛을 전부 펼쳤음에도 불구하고 바람이 그 전함들을 옮기는 데 지친 듯이, 그리고 바다는 그들의 무게에 눌려 신음하는 것처럼 아주 천천히 움직였다"고 기록했다.

어마어마한 몸집에 성채만한 높이를 지닌 스페인 전함들은 원래 적의 배에

잉글랜드의 배들이 도싯 해안을 정찰하는 사이, 언덕에서는 멀리 스페인 무적함대가 출현했음을 알리는 봉화가 타오르고 있다. 1588년 7월 19일, 스페인의 대선단이 드디어 콘월 남단 앞바다에 그 모습을 드러냈다. 몇 달 동안 밤낮 없이 계속된 경계와 정찰이 끝나고 본격적인 대해전이 시작되었다.

올라타기 쉽도록 설계된 것들이었다. 만약 지휘관이 잉글랜드 배에 충분히 접근하도록 허용한다면 스페인 군사들은 압도적인 수적 우위를 발휘하게 될 것이다. 잉글랜드 해군은 1,500명에 불과했지만, 스페인 무적함대에는 1만 7,000명 이상의 병사들이 있었다. 반면, 잉글랜드 해군은 기동력과 백병전에서 우월함을 보였다. 무적함대에는 제 몸 하나 주체하기 힘든 배들이 많았다. 병사들과 말들, 무거운 대포들의 무게가 배를 무겁게 짓눌렀으며, 여기에 지휘관들의 신중함이 더해져 함대의 진행속도는 매우 느렸다. 그에 비해 날씬한 영국 전함들은 스페인의 것보다 빠르고 날렵했을 뿐 아니라 화력에서도 우수했다.

하워드와 드레이크는 이러한 특징을 이용해 육중한 적함들을 치고 빠지는 전술을 구사했다. 잉글랜드 배들은 바람을 등진 채 무적함대의 양쪽 대열을

빠른 속도로 포위하면서 먼 거리에서 몇 시간 동안 쉬지 않고 포탄을 날렸다. 하워드는 "절대로 적함 가운데로 들어가는 모험을 해서는 안 된다. 적의 함대는 너무도 강하니까"라고 주문했다. 이 전초전은 소규모 접전에 불과했지만, 스페인 함대에는 아주 큰 두 가지 불행을 안겨주었다.

먼저 전함 한 대가 적의 포격을 받은 이후 화약 폭발로 200명 가량의 사상자가 났다. 두 번째로, 52문의 대포가 빼곡이 들어차고 금화를 실은 로사리오 호가 아군 배와 충돌하는 바람에 전투력을 상실한 것이다. 드레이크는 밤에 전함 리벤지 호를 지휘하여, 이미 전투력을 잃은 로사리오 호를 집중공격하여 항복을 얻어냈다. 그리고 스페인 함장이 승선할 때는 예의바르게도 트럼펫까지 불며 환영을 했고, 자기 부하들이 보물선을 약탈하는 동안 주연을 베풀기도 했다.

드레이크가 보물선을 약탈해 큰 성공을 거둔 것이 그에 대한 비판의 빌미가 되었다. 그날 밤 그는 리벤지 호의 선미에서 커다란 랜턴을 밝히고 적선을 추격하는 배들에게 방향지시를 했는데, 로사리오 호를 잡기 위해 우회할 때 아군선단을 혼란 속에 몰아넣었던 것이다. 하지만 비판자들의 속내를 들여다보면, 그가 아군의 전열을 흐트러뜨렸다는 책임보다는 그가 거두어들인 벌이에 대한 질투가 더 크게 작용했다. 함대의 선장인 말썽 많은 마틴 프로비셔는 만약 드레이크가 전리품을 나누지 않는다면, "난 그의 배[腹]에서 제일 좋은 피를 소모

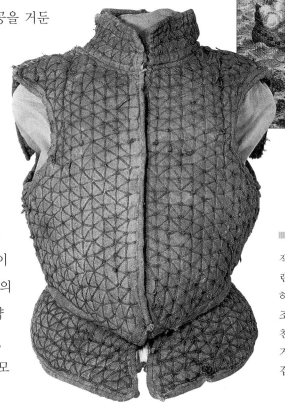

잭오브플레이트는 잉글랜드 군인들이 몸을 보호하기 위해 입었던 무거운 조끼였다. 두터운 캔버스천 안쪽에 쇠미늘을 붙이거나 얇은 철판을 여러 겹으로 겹쳐 만들었다.

7월 21일, 플리머스 항 인근에서 첫 충돌이 있은 후 스페인의 무적함대는 계속 초승달 대형의 방어막을 유지했다. 그후 프랜시스 드레이크 경은 리벤지 호를 이끌고 뒤처진 스페인 전함 로사리오 호(그림 왼쪽 아래에 돛대들이 부러진 배)를 포획했다.

하게 만들 것이다"라고 위협했다. 하지만 이 말을 전해들은 드레이크는 눈도 깜짝하지 않았다.

그후 며칠이 지나는 사이 드레이크와 그의 동료들은 무적함대를 계속 추격하며 한 번 이상의 전투를 벌이기도 했지만, 스페인 함대가 영국해협으로 가는 길을 막지는 못했다. 7월 27일 토요일, 무적함대는 도버 해협 건너편, 중립을 지키고 있던 프랑스의 항구 칼레에 기항했다. 그들은 파르마 공작이 네덜란드에서 끌고나온 주력 침공군이 하루속히 합류하기만을 바랐다. 하지만 파르마의 군대를 태운 바지선들은 40km 밖에서 네덜란드 반군들의 방해를

183

받고 있었다.

메디나 시도니아가 초조하게 기다리는 사이, 하워드는 신속하게 전함들을 집결시켜 공격태세를 재정비했다. 파르마가 해협을 건너오지 못하도록 정찰 중이었던 선단까지 소집하자 배는 모두 140척이 되었다. 잉글랜드 함대는 익숙한 전술로 공격항로를 확보할 계획이었다. 7월 28일 일요일 밤, 타르와 마른 가지들과 화약을 잔뜩 실은 8척의 소형배들이 조류와 바람을 타고 적의 함대를 향해 나아갔다. 적진에 가까워지자 병사들은 작은 배에 불을 붙이고 배 밖으로 뛰어내렸으며, 이러한 화공선 중 6척이 스페인의 작은 전위함들을 뚫고 무서운 속도로 함대 중심으로 파고드는 데 성공했다.

스페인 군대는 혼비백산해서 서둘러 닻줄을 잘라내고 흩어졌다. 4척의 호위선에 둘러싸여 있던 스페인의 전함 산 마르틴 호와 사령관은 그 와중에 외톨이가 되고 말았다. 새벽이 되자 메디나 시도니아는 얼마 남지 않은 배들을 이끌고 흩어져 있던 무적함대를 다시 모았다. 그리고 곧장 잉글랜드 함대에 공격을 개시했다.

한편, 하워드는 흩어진 스페인 전함들을 잡는 데 정신이 팔려 있었다. 하지만 이번 공격을 지휘하던 드레이크는 완전히 모습을 드러낸 산 마르틴 호의 모습에 매우 흥분했을 것이다. 드레이크의 배들은 적선을 격침시키기 위해 직접탄도거리 내에서 쉴 새 없이 포격을 퍼부었다. 메디나 시도니아는 비록 해전 경험은 없었지만, 이 상황에서 자신의 용기를 증명해 보였다. 그는 적의 공격에 맞서 굳건히 버텨냄으로써 남아 있는 무적함대에게 전열을 가다듬고 대응할 시간을 벌어주었던 것이다. 그가 탄 산 마르틴 호는 우현 한쪽에만 200발의 포탄을 맞았다. 포연이 너무도 자욱하여 그가 전투상황을 살피려 삭구를 타고 오르는 데도 필사적인 노력을 기울여야 했다. 산 마르틴 호는 아직 멀쩡히 바다 위에 떠 있었지만, 호위선들과 그들을 도우려 다가오던 다른 선박들은 처참하게 얻어맞고 있었다. 상갑판에 흥건히 괸 피가 아래로 줄줄 흘러내렸다. 그날, 마침내 잉글랜드 군이 포탄이 떨어져서 9시간에 걸친 싸움이 끝났을 때, 스페인은 4척의 배가 침몰했고, 최소한 1,000명의 병사와 선원들을 잃었다.

이 전투가 대세를 결정지었다. 그후로는 바람이 만신창이가 되어버린 무적함대를 북해 쪽으로 밀어올려 파르마 공작과 만나기로 했던 지점을 벗어나게 만들었으며, 결국 파르마가 이끄는 보병들은 잉글랜드의 흙을 밟아보지도 못했다. 메디나 시도니아로서는 결국 전투를 포기하고 스코틀랜드와 아일랜드를 조심스럽게 돌아 귀국할 수밖에 없었다. 그 도정에서 또다시 여러 차례의 거친 폭풍이 배 수십 척을 침몰시켰다. 한때 최강을 자랑하던 무적함대는 50%의 손실을 입은 채 절뚝거리는 초라한 모습으로 간신히 스페인으로 돌아갔다.

칼레에서의 결전을 치르고 난 열흘 뒤, 엘리자베스 여왕은 템스 강을 내려가 틸버리의 군 야영지를 방문했다. 그녀에게는 승리를 낙관할 이유가 있었지만, 잉글랜드가 적의 침공을 저지시켰는지 아직 확신할 수 없었다. 여왕은 환호하는 병사들 사이로 거세한 회색 말을 몰았다. 흰 가운 위에 은빛 갑옷을 입고 홀을 든 그녀는 승리를 다짐하는 결연한 정신으로 빛났다. "내 비록 힘없고 연약한 여자의 몸이지만, 나에겐 또한 잉글랜드 왕으로서의 심장과 담력이 있다. 파르마 공작이든 스페인이든, 아니 유럽의 그 어떤 군주라도 감히 내 왕국의 경계선을 침범하는 자들에겐 치욕을 안겨줄 것이다."

무적함대의 패배로 스페인의 모든 보물선들은 그후 잉글랜드 인들의 공격에 속수무책으로 당했다. 1592년 5월, 월터 롤리 경은 버지니아에서 거둔 작은 성공에 뒤이어 이제는 스페인 선박들을 약탈하기 위해 13척의 원정대를 이끌고 바다로 나아갔다. 하지만 그가 바닷바람을 쐰 것은 불과 하루뿐이었다. 포르비셔가 작은 배를 타고 와서 여왕으로부터 온 반갑잖은 소식을 전했기 때문이다. 원정대는 포르비셔의 지휘하에 앞으로 나아갈 수 있었지만, 롤리는 잉글랜드로 돌아가지 않으면 안 되었다.

엘리자베스 여왕은 이전에도 롤리가 위험한 외국으로 가지 못하도록 막은 적이 있었다. 하지만 이번 경우엔 그에 대한 집착이나 헤어지기 싫은 애정 때문이 아니었다. 그녀는 차가운 분노에 몸을 떨고 있었다. 롤리가 그녀의 궁녀와 몰래 결혼했다는 사실, 여왕에게 목숨 바쳐 헌신하겠다고 고백하는 동안에도 그 결혼을 유지해왔다는 사실을 알았던 것이다. 엘리자베스는 롤리도 그의 신부(작고한 스코틀랜드와 프랑스 대사의 딸로 쾌활한 성격의 베스 스록모턴)도 용서할 기분이 아니었다. 그녀는 이 부부를 런던 탑에 분리 감금했다.

2개월 후 롤리는 가석방되었다. 하지만 그 자유는 여왕에게 열심히 써보냈던 충성맹세 덕분이 아니라 그가 직접 해결해야 할 위급한 상황이 벌어졌기 때문이었다. 그가 조직하고 잠시 지휘했던 원정대는 눈부신 성공을 거두었다. 스페인 근해에서 거대한 포르투갈 선박 마드레 데 디오스 호를 나포했던 것이다. 동인도를 떠나 포르투갈로 향하던 7층 갑판의 이 배에는 상상을 초월할 정도의 많은 재물들, 537톤의 향료와 15톤의 흑단, 거기에 수를 헤아릴 수 없이 많은 진주와 다이아몬드, 비단 등을 비롯한 귀중한 재물이 실려 있었다. 잉글랜드 선원들은 이 배에 오르자마자 즉시 보물들을 자기 호주머니에 쑤셔넣었는데, 이러한 약탈은 그 배가 다트머스 항에 도착했을 때 다시 계속되었다. 향료와 보석에 매료된 상인들, 보석 세공인들과 금 세공인들은

네덜란드 화가가 그린 이 그림에서, 7월 28일 잉글랜드의 화공선(배경에 있는 작은 배들)들이 바람과 조수를 타고 칼레에 정박 중이던 스페인 함대를 향해 돌진하고 있다. 급습을 당한 무적함대는 뿔뿔이 흩어져 다음날 아침까지 결전 태세를 갖출 수 없었다. 한 스페인 사람은 억울한 어조로 "적들은 그동안 슬슬 피하기만 하다가, 겨우 8척의 배로 130척이나 되는 우리를 도망치게 만들었다"라고 말했다.

선원들한테서 약탈품을 사기 위해 항구까지 찾아왔다. 롤리는 이런 약탈행위를 중지시키고 여왕의 이익을 보호해야 했다.

롤리가 다트머스에 내리자 뱃사람들은 박수를 치고 환호성을 지르며 그를 환영했다. 롤리는 그들에게 자신은 아직도 "잉글랜드 여왕의 불쌍한 포로 신세"라고 말한 다음, 미친 듯이 사라진 약탈품을 회수하기 시작했다. 그 결과 사라진 약탈품을 거의 회수하기에 이르렀는데, 그 액수만도 공식적으로 14만 1,000파운드에 달했다. 여왕은 그녀의 몫으로 절반 이상을 주장했다. 그녀가 실제로 투자했던 액수에 비하면 터무니없는 주장이었다. 정산을 하면 최소한 전리품의 3분의 2 이상을 가질 자격이 있었던 롤리는 4분의 1로 만족해야만 했다. 하지만 이 일로 그는 '여왕의 불쌍한 포로 신세'에서 벗어났으며 아내에게도 자유를 찾아주었다. 그리고 나중엔 여왕의 친위대 대장으로서 다시 일했다.

여왕의 총신으로서 롤리의 지위는 사실 그의 비밀결혼 사실이 발각되기 이전부터 달이 기우듯 기울어지고 있었다. 그보다 훨씬 젊은 모험가 에식스 백작 로버트 데버루가 출현했던 것이다. 에식스는 원래 귀족 출신이기도 했지만, 레스터 백작의 양자가 된 후부터 더 많은 특권을 누렸으며, 급기야 1587년 갓 20세의 나이에 의붓아버지의 뒤를 이어 여왕의 거마 관리관에까지 올랐다. 다음해 레스터가 죽을 무렵에는 이 젊은 귀족은 확실히 여왕이 가장 총애하는 궁정인이 되어 있었다.

큰 키에 적갈색 머리칼을 지닌 에식스는 시종들이 어떻게 옷을 입히는지 따위엔 무심했지만, 외모만큼은 롤리에 필적할 만한 미남이었다.

외과의사이자 내과의사인 존 배니스터가 1581년 해골과 해부용 시체를 이용해 의학 강의를 하는 모습. 헨리 8세가 인체의 절개와 해부를 허용한 이래, 해부학 지식은 놀라운 속도로 발전했다.

## | 치료사들 |

오랫동안 지속된 페스트와 날뛰는 전염병으로 평균수명이 50세가 채 못되었던 엘리자베스 시대 사람들은 병이 나을 수만 있다면 무슨 방법이든 써보려 했다. 아직도 속임수가 만연했으며, '쿼크샐버', 줄여서 '쿼크스'라고 부르는 돌팔이 행상들은 물약을 팔아 많은 돈을 벌었다. 하지만 비록 느린 속도이긴 하지만 의학기술이 과학의 영역으로 발전하고 있었다. 전쟁 부상병들을 치료하면서 축적한 외과기술과 처형당한 악당들을 해부하면서 얻은 지식들은 의학 발전에 중요한 밑거름이 되었다.

엘리자베스 시대의 치료사들 가운데 '와이즈 우먼', 곧 '마녀(witch)'는 대개 자신과 성별이 같은 여인들을 치료했다. 일반적으로 인정받은 의학 분야 종사자는 내과의사, 외과의사, 약제사였다. 가장 지위가 높았던 내과의사는 대학에서 훈련을 받았으며, 일부는 대륙으로 건너가 이탈리아의 파도바 대학, 프랑스의 몽펠리에 대학 등에서 유학했다. 하지만 그들의 치료기술에는 한계가 있었다. 그 이유는
먼저 그들의 실습대상이 소수

군주에게는 치유능력이 있다는 믿음에서 시작된
전통에 따라서 메리 여왕이 '킹스 이블(연주창)'로
고생하고 있는 젊은 여자의 몸에 손을 얹고 있다.

외과의사 윌리엄 클라우스의
저작 중 한 권에 나오는 삽화.
그는 전쟁터에서 그림에
소개된 도구들을 이용해
수많은 부상자들을 치료했으며,
외과 분야의 권위자가 되었다.

의 부유층들에게 제한되어 환자와 접촉할 기회가 적었기 때문이다. 또 그들은 2세기에 활약했던 뛰어난 그리스 의사 갈레노스의 가르침을 신성불가침으로 신봉해왔는데, 이것이 이 시대에 이르면 오히려 의학의 진보를 가로막는 걸림돌로 작용했다. 예를 들어 1600년대 잉글랜드 내과의사였던 윌리엄 하비는 혈액과 심장에 대한 갈레노스의 관점을 정면으로 뒤집고, 피는 심장에서 나와 심장으로 돌아간다는 혈액순환론과 심장의 펌프 작용을 주장했다. 하지만 그의 동료들 중 일부는 이 이론에 강력하게 반발했다.

내과의사들이 이론을 파고들었던 반면, 외과의사들은 좀더 직접적인 문제에 집중했다. 그들은 상처를 꿰매고, 종기를 째고, 부러진 뼈를 맞추고, 병에 걸려 못 쓰게 된 손과 발의 절단수술을 했다. 이 시대 가장 위대한 외과의사였던 프랑스 인 암브로즈 파레는 외과의사들의 기술은 "학자들에게서 배우는 것이 아니라 눈과 손이 행한" 실습으로 완벽을 추구했다고 썼다. 그 무렵 소개된 대포의 등장과 함께 수술을 요구하는 부상자들이 점점 많아졌기 때문에 외과의사들의 사무실은 종종 전쟁터를 방불케 했다.

잉글랜드의 외과의사들은 오랫동안 전쟁 부상자들을 다루며 축적한 외과기술을 외과에 종사하는 다른 동료들에게 나누어 주었다. 가령 윌리엄 클라우스(그는 스페인 무적함대와의 전투에서 부상당한 수많은 잉글랜드 병사들을 수술했던 외과의사였다)는 1596년 이전까지 뜨겁게 달군 금속이나 끓인 송진을 이용해서 환부를 마취시켰던 방법 대신, 혈관을 묶는 은혜로운 수술법에 대한 최초의 발표회를 가졌다. 하지만 빈틈없는 그도 한편으로는 민간전승을 믿었다. 한 가지 예로, 그는 중태에 빠진 환자를 보고 "그의 상태가 이처럼 위험한 까닭은 그가 보름달이 떴을 때 부상당했기 때문"이라고 기술했다.

민간요법이 오해이든 아니든, 의료체계에서 가장 낮은 위치에 있었던 약제사들은 민간요법에 귀를 기울였다. 약과 약초제를 만든 그들 중에는 더러 사기꾼도 끼어 있었지만, 나머지 사람들은 일반적인 질병을 치료하는 데 있어선 오히려 내과의사들보다 더 뛰어난 실력을 보였다.

예를 들어 환자가 두통을 호소하면 그들은 버드나무 껍질 차를 마시라고 처방했는데, 이 차에는 자연 진통제가 들어있었다. 사실 이 시대에는 인구 2만 5,000명당 내과의사가 한 명이었기 때문

에, 일반 국민으로서는 약제사에게 의지하는 방법 외에 다른 선택이 없었다. 민간요법의 필요성을 인식한 잉글랜드 법률은 약제사들을 통제할 수 있는 방법을 모색했다. 그 결과 초본 치료법을 알고 있는 사람이라면 누구든 경미한 고통의 환자를 다루도록 허용한 법률이 있었던 반면, 또 이런 약제사들이 만드는 약을 내과의사들이 검사하도록 했던 법률도 있었다.

16세기의 외과의사들은 마취제의 도움 없이 환자의 사지를 잘라내는 수술을 했는데, 능숙한 의사는 환자의 피를 100cc 이상 흘리지 않았다.

그와 롤리가 서로를 화나게 자극했다는 것이나, 그래서 오직 여왕만이 두 조신들 사이의 결투를 중재할 수 있었다는 사실은 그리 놀라운 게 아니다.

1596년, 스페인과 다시 긴장국면에 돌입하고 다시 한번 침공이 임박한 듯 보였을 때, 에식스는 선제공격으로 스페인의 카디스 항을 장악하는 공을 세웠다. 그는 이제 추밀원으로서 엘리자베스의 비공식적인 전쟁대신이 되었다.

이 모든 성공을 30세도 되기 전 너무 이른 나이에 거둔 것이 그를 망친 화근이 되었다. 그는 잘 토라졌으며, 많은 의심의 눈초리를 샀다. 그의 성마른 성격과 도발적인 태도는 여러 차례 엘리자베스의 분노를 사기도 했다. 하지만 그녀는, 응석 부리는 자식을 맹목적으로 사랑하는 어머니처럼 이내 모든 것을 용서해주곤 했다. 심지어 그가 그녀의 허락 없이 결혼했을 때조차도 여왕은 단 14일 만에 그를 다시 궁정으로 불러들였다.

그러나 1598년의 일요일, 에식스는 너무 멀리까지 가고 말았다. 여왕과 국정을 논의하던 자리에서 제 성질을 참지 못했던 것이다. 그는 경멸의 몸짓으로 그의 군주에게서 등을 돌리고 말았다. 엘리자베스는 그의 머리통을 세게 때렸으며, 어서 사라져서 교수형이나 당하라고 소리쳤다. 순간적으로 그의 손이 검을 찾았다. 해군사령관 하워드가 그를 제지하기 위해 몸을 날렸지만, 그는 여왕의 아버지 헨리 8세에게서조차 듣지 못했을 그런 욕설을 뒤집어써야 했다. 그로부터 3개월이 지난 후, 에식스는 궁정으로 돌아갔지만 용서를 구할 생각은 아니었을 것이다. 그리고 그와 여왕의 관계가 돌이킬 수 없는 지경에까지 이르렀다는 사실을 알았다.

그럼에도 엘리자베스는 계속 에식스에게 의지했다. 1599년, 그녀는 잉글랜드가 그때까지 아일랜드에 파병한 최대 병력인 1만 6,000명의 군사를 그에게 맡기며, 강력한 티론 백작이 이끄는 아일랜드 반란군을 진압하라고 명령했다. 티론은 엄청난 가산을 소유한 영주였으며(젖소만도 12만 마리가 넘었다), 아일랜드와 스코틀랜드 용병 6,000명을 포함해 1만 7,000명의 군사를 이끌

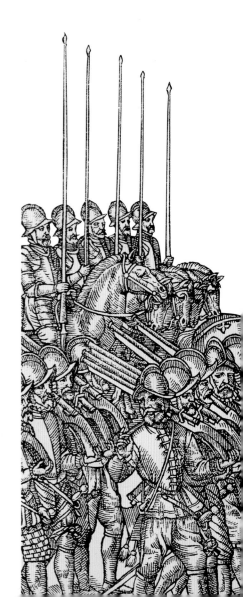

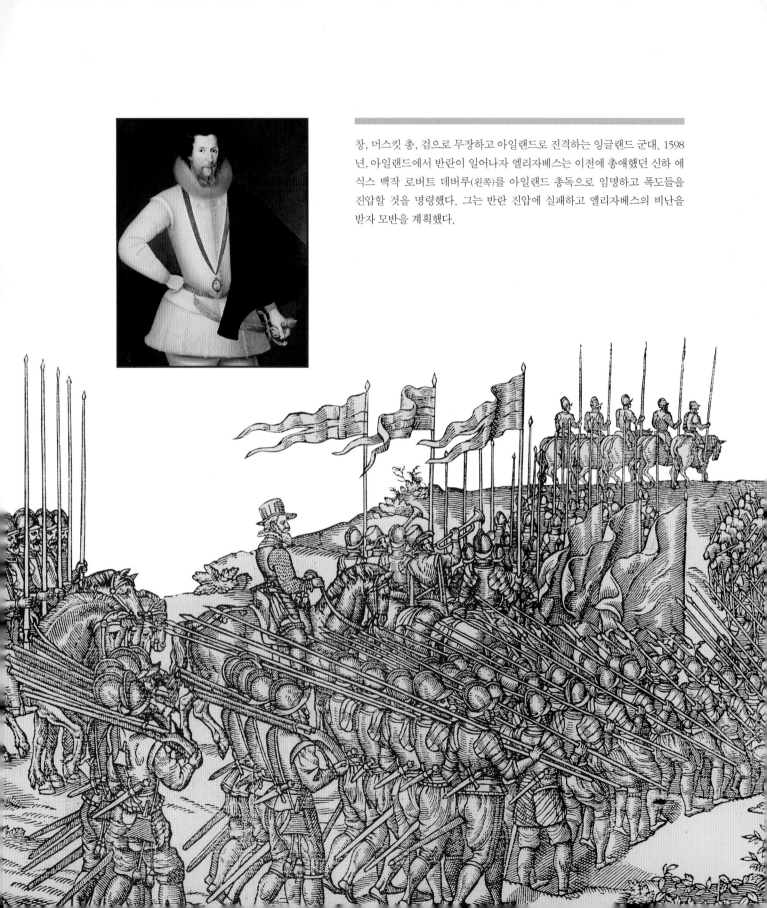

창, 머스킷 총, 검으로 무장하고 아일랜드로 진격하는 잉글랜드 군대. 1598년, 아일랜드에서 반란이 일어나자 엘리자베스는 이전에 총애했던 신하 에식스 백작 로버트 데버루(왼쪽)를 아일랜드 총독으로 임명하고 폭도들을 진압할 것을 명령했다. 그는 반란 진압에 실패하고 엘리자베스의 비난을 받자 모반을 계획했다.

고 있었다.

더블린에 도착한 에식스는 그러나 북쪽으로 가서 얼스터 요새에 있는 티론을 공격하라는 명령을 무시하고 상대적으로 반란군이 적은 남쪽으로 향했다. 여왕은 명령에 불복종한 에식스에게 대로했지만, 에식스는 적반하장으로 아일랜드를 미워하는 여왕의 태도를 비난했다. 그는 "불만과 영혼의 상처 외에 내가 잉글랜드에서 받은 것은 없다"라고 불평했다.

드디어 1599년 9월, 티론과 정면으로 맞닥뜨렸을 때, 에식스는 자신이 정복해야 할 적과 6주간 휴전협정이라는 선택을 했다. 그런 와중에 엘리자베스 여왕으로부터 휘갈겨 쓴 친필편지를 받자 그는 자신을 변호하기 위해 다시 궁정으로 급히 달려갔다. 이른 시각, 진흙이 묻은 몸을 씻을 새도 없이, 또 여왕에게 알리지도 않은 채 그는 여왕의 침실로 뛰어들었다. 그곳엔 가발과 화장, 보석 등 제왕의 모든 장식을 다 떨친, 머리가 희끗희끗한 66세의 여왕이 거의 옷을 벗은 모습으로 있었다. 그는 무릎을 꿇고 여왕의 손에 입을 맞췄고, 그녀는 그를 향해 너그러운 미소를 지어 보였다. 하지만 에식스는 즉시 가택연금되었으며, 나중에 직무유기와 명령불복종 죄를 받았다. 그후 그는 다시 풀려났지만, 여왕과의 관계는 점점 더 나빠져갔다. 1600년, 그는 1만 6,000파운드의 빚에 허덕이다가 여왕에게 자신의 주요한 수입원이던 단 포도주 수입관세에 대한 임차권을 개정해달라고 사정했다. 그녀는 그를 '여물을 줄여야만' 못된 버릇을 고칠 수 있는 제어하기 어려운 말에 비유하며 매몰차게 거절했다.

에식스는 이러한 응징을 견딜 수 없었다. 그는 곧

웨스트민스터 대사원으로 향하는 엘리자베스 여왕의 장례 행렬. 여왕의 갑옷 코트를 높이 든 의장대의 호위 속에 검은 천을 두른 말들이 여왕의 초상이 덮인 관을 이끌고 있다. 슬픔에 빠진 백성이 홀로 여왕의 무덤을 찾아가 애도하는 모습(왼쪽).

여왕과 롤리를 비롯한 그녀의 조언자들에 대한 음모를 꾸몄다. 재산을 빼앗겨 불만이 많았던 다른 귀족들이 이권회복을 꿈꾸며 그에게 합세했다. 그들의 목표는 꼭 엘리자베스를 폐위시켜야 할 필요는 없었으며, 조정의 권력을 장악하고 그들 방식으로 지배할 수 있으면 되었다. 그러나 서로가 충성심을 지나치게 강조했던 탓일까, 시간이 지나면서 그들의 계획은 누가 봐도 명백한 반역으로 변해갔다. 1601년 2월, 글로브 극장에서 셰익스피어의 〈리처드 3세〉(이 연극엔 당국에서 금지한 군주의 폐위를 그리는 장면이 들어가 있다)를 특별상연하는 날을 그들은 거사일로 정했다.

다음날, 롤리는 에식스와 평소 친했던 친척으로부터 모반 소식을 듣자마자 부리나케 런던으로 돌아왔다. 몇 시간 후, 에식스와 300명의 추종자들은 말을 타고 런던 거리를 누비며, 사람들이 믿기 어려운 이야기를 주장하고 다녔다. 롤리와 궁정의 다른 악당들로부터 여왕을 지키기 위한 봉기에 지원자들을 모집한다는 것이었다. 런던 시민들은 물론 엘리자베스에게 충성했던 사람들조차도 점점 그들의 호소에 솔깃해졌다. 하지만 그날 밤 하워드 휘하의 왕당원들이 에식스를 체포했고, 곧바로 반역죄를 적용해 처형했다. 사형 집행인은 오랫동안 내려오는 관습대로 잘려나간 에식스의 목을 들고 이렇게 외쳤다. "신이여, 여왕을 보호하소서!"

에식스의 죽음은 엘리자베스 여왕의 만년에 어두운 그림자를 드리웠다. 그녀는 툭하면 우울증에 빠져들었으며 자신의 불운함을 한탄했다. 여왕의 대자 존 해링턴은 "여왕은 내실에서 안절부절못하며, 나쁜 소식에 발을 쿵쿵 구르곤 한다"라고 말했다. 극도로 흥분하면 여왕은 항상 가까이 두었던 검을 움켜쥐고는 휘장을 찔러대기도 했다. 하지만 기력은 예전 같지 않았다. 해링턴은 화가들이 언제나 영원한 젊음으로 그려놓았던 '우리의 사랑스런 여왕'이 "이제는 인간의 숙명이 지닌 어쩔 수 없는 연약함을 드러내는 모습을" 보아야만 했다.

1603년, 69세의 엘리자베스는 점점 열이 높아지는데도 음식과 약을 거부하며 운명을 받아들이고 있었다. 한창 출세가도를 달리고 있던 법정변호사 존 매닝엄은 여왕의 주치의와 이야기를 나눈 후 자신의 심경을 이렇게 썼다. "만약 여왕이 약을 드신다면 더 살 수 있을 것이다. 하지만 여왕은 설득당하지 않을 것이며, 그 누구도 군주에게 강요할 수는 없는 법이다."

3월 24일의 이른 시각, 엘리자베스는 죽기 바로 직전에 메리 스튜어트의 아들 제임스를 자신의 계승자로 지명했다. 잉글랜드는 계속 프로테스탄트 국가로 이어나갈 수 있을 것이다. 하지만 마지막 순간 그녀의 마음속에서 가장 중요했던 것은 왕위 계승권도 프로테스탄트 신앙을 지키겠다는 의지도 아니었다. 그저 그녀의 왕국이 지속되었다는 사실, 그리고 그녀가 평생을 몸 바쳤던 국민들이 이제는 그녀가 처음 물려받았을 때보다 훨씬 더 자랑스러우며 강력한 왕국에서 살게 되었다는 사실이었다. 그녀는 국내외의 숱한 도전을 받으면서도 그녀가 표현한 대로, '비록 여자이지만' 그 어느 시대 어떤 군주보다 강한 심장을 지녔음을 보여주면서 자신이 상속받은 소중한 유산들을 지켜내고 한층 고양시켰던 것이다.

치세 중반기에 접어든 엘리자베스 여왕이
그녀의 국가의 부를 나타내는 온갖 미복으로
성장하고 있다. 정교한 자수, 금 레이스, 보석이
달린 벨벳 보디스와 스커트 앙상블, 다이아몬드와
루비로 장식된 짧은 목걸이와 기다란 진주 목걸이 등은
세계 최강으로 부상하는 잉글랜드의 위상을
반영하고 있다.

# 여왕에게 어울리는 화려함

잉글랜드의 국력과 지위의 상징으로서, 엘리자베스 여왕은 번영하는 조국의 위상에 어울리는 화려한 의상과 보석들을 즐겨 사용했다. 그녀가 통치하는 동안 잉글랜드의 상선들은(그리고 사략선들은) 아주 먼 곳까지 과감한 탐험을 떠나, 잉글랜드 역사상 그 어느 때보다 많은 금과 사치품들을 가득 싣고 고국으로 돌아왔다. 전세계에서 가장 아름다운 천과 보석들은 먼저 엘리자베스에게, 그 다음엔 잉글랜드의 귀족들과 막 부상하고 있는 상인계층의 손으로 들어갔다. 그들은 아름다운 장식품을 열심히 사용함으로써 영국 복식사에서 가장 위대하고 화려한 색채의 시대를 이끌어갔다.

엘리자베스 여왕의 의상실을 관리하는 것은 결코 만만한 일이 아니었다. 여왕의 의복과 보석을 예술적 감각을 살려 제작하고, 재고 조사를 하고, 보관하는 데는 많은 사람이 필요했다. '키퍼', 곧 대의상관리관은 수십 명에 달하는 관리들과 제작자들을 감독·관리했다. 그들은 여왕과 대신들의 의상을 만드는 데 들어갈 직물, 모피, 리본, 레이스를 구입하거나 직접 제작하는 것 외에도, 200명이 넘는 요먼, 궁내관, 그리고 엘리자베스의 궁전에서 시중드는 시동들의 정복을 만들어냈다. 여왕의 의상실 서기들은 1실링의 내역까지 상세히 기록했다. 엘리자베스는 현재 보관 중인 드레스를 조심스럽게 관리하고 교체 여부를 따짐으로써 의상 구입에 들어가는 경비를 통제했다. 사실 재위 마지막 4년 동안 그녀의 연간 의상 지출 비용은 9,525파운드로, 이것은 그녀의 뒤를 이은 제임스 1세가 한 해 동안 3만 6,377파운드를 썼던 것과 비교하면 참으로 적은 액수였다.

이 의상비의 상당 부분은 사치스러운 옷감 구입비로 쓰였다. 비록 여왕이 잉글랜드 양모산업의 든든한 보호자이긴 했지만(그녀는 1571년, 6세가 넘는 모든 국민은 일요일과 축일에는 벨벳이 아니라 반드시 모직 모자를 써야 한다는 의회의 법률에 동의했다), 그녀는 세상이 그녀에게 기회를 제공하는 최고작품을 구입하는 데 있어서 조금도 양심의 가책을 느끼지 않았다.

이탈리아의 제조업자들은 이루 말할 수 없을 정도로 정교한 무늬를 넣어 짠 다마스크 천과 브로케이드, 벨벳, 그리고 금사와 은사 레이스를 생산했다. 리넨은 독일과 저지대 국가들에서 수입했다. 금사와 은사를 섞어 짠 비단은 슬리퍼와 장갑을 만드는 재료인 사치스러운 가죽과 마찬가지로 스페인에서 들여왔다. 그리고 인도와 페르시아, 신세계에서 가져온 금, 진주, 다이아몬드, 루비, 에메랄드는 곧장 여왕의 드레스에 달리거나 왕실의 목걸이, 팔찌, 브로치와 왕관의 재료로 사용되었다.

대장간의 분주함을 보여주는 16세기 목판화. 엘리자베스 시대의 대장장이는 부유한 고객들의 밀려드는 주문으로 보석을 가공하고 국가의 공식행사에 쓰일 기장과 훈장 등을 만드느라 바빴다.

## 스타일의 추구

엘리자베스의 궁정을 방문한 사람들은 여왕과 조신들이 입고 있는 미복의 화려함에 입을 다물지 못했다. 하지만 일부 사람들은 그들이 잉글랜드만의 독특한 복식을 발전시킬 생각 없이 다른 나라의 유행을 그대로 답습한다고 비판했다.

또한 그들은 잉글랜드는 패션에서만큼은 '만국(萬國)의 원숭이'라고 조롱했다. 스페인이든 프랑스든 이탈리아 스타일이든 따지지 않고, 단 1주일만 지나면 다른 나라의 가장 아름다운 부분들을 따와서 흉내낸다는 점을 비꼬는 말이었다.

하지만 패션은 경제 번영과 밀접한 관련이 있었다. 당시 유럽 최강국이었던 스페인은 16세기 말 유럽의 고귀한 남자들과 여자들이 입는 의상의 기본틀을 제공했다. 여자들의 겉옷을 지탱해주는 빳빳한 속치마 파딩게일도 원래 스페인에서 시작해서 유럽 전체로 퍼져나간 것이었다.

영국과 프랑스의 의류상들은 부유한 단골들의 기호에 맞추기 위해 부지런히 스페인 양식들을 본뜨면서도, 스페인 궁정에서 사랑받았던 어둡고 무거운 색깔의 드레스 대신 목과 어깨가 많이 드러나게 했다.

엘리자베스 여왕은 특히 프랑스풍을 너무나 좋아하다 못해(물론 이 사실이 프랑스에 알려지는 것은 원치 않았겠지만) 고문관 윌리엄 세실 경에게 프랑스 양복장이를 구해오라고 요구했다. 세실은 1566년 파리 주재 잉글랜드 대사에게 이렇게 썼다. "만약 그대가 이탈리아와 프랑스의 장점들을 모두 살려낼 수 있는 의상기술자를 구한다면, 여왕 폐하는 더없이 기뻐하실 것이오… 우리 여왕 폐하의 이름을 절대 언급하지 말고, 프랑스 여왕(카트린 드 메디시스를 가리킴)을 섬기는 기술자를 찾아내보시오."

결과를 말하면, 세실은 기술자를 구하지 못했다. 하지만 엘리자베스의 의상장 월터 피시는 '프랑스에서 공수한' 드레스를 다시 손을 보아 이 문제를 즉시 해결했다. 그는 나중에는 여왕의 치수에 꼭 맞는 단순한 리넨 드레스를 제작해 프랑스에 보내서, 그곳에서 여왕을 위한 드레스를 다시 제작하도록 했다.

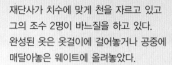

재단사가 치수에 맞게 천을 자르고 있고
그의 조수 2명이 바느질을 하고 있다.
완성된 옷은 옷걸이에 걸어놓거나 공중에
매달아놓은 웨이트에 올려놓았다.

인형을 들고 있는 어린
아라벨라 스튜어트의 초상화.
프랑스 드레스를 입고 있는
그림 속의 인형은 프랑스
디자이너가 잉글랜드의
귀족여인들의 동의를 얻기
위해 보낸 작은 마네킹일 것이다.

1581년에 나온 전문서적에는 '귀하신
분들의 다양한 의상'이라는 제목과 함께
프랑스 귀족여인들이 좋아하는 드레스
디자인 세 가지가 소개되었다. 목선과
소매 부분은 조금씩 차이가 있지만,
길고 점점 좁아지는 보디스와 뒤로 길게
끌리는 트레인 스커트는 공통된 특징이었다.

201

## | 여왕의 의상실

엘리자베스 여왕이 아름다운 의복을 대단히 좋아한 것은 사실이지만, 그녀는 가능하면 그것들을 자기 지갑을 열지 않고 손에 넣기를 바랐다. 그녀의 신하들은 새해 첫날을 비롯해 여러 특별한 날 군주에게 존경의 표시로 선물을 바치는 오랜 관례를 이용해 그녀의 의상실로 들어갈 아름다운 품목들을 바쳤다. 귀족과 관료, 성직자들은 각자의 형편에 맞추어 스타킹과 장갑 같은 소품에서부터 아름답게 수놓인 슬리브와 보디스, 페티코트를 선물했다. 때로는 완전한 드레스 한 벌이나 화려한 보석들을 바치기도 했다.

그러나 과연 어떤 선물이 여왕의 마음에 들지, 또 적절한 것인지 알기 위해선 사전정보가 필요했다. 귀족들은 여왕의 내실 궁녀들에게 여왕이 좋아하는 스타일과 색상이나 도안을 편지로 물어보았다. 때로는 여왕의 의상장에게 아름다운 천 한 필이나 자수가 놓인 비단, 금단추를 맡기고 여왕의 몸에 맞도록 드레스를 제작해달라고 부탁하기도 했다.

외국의 왕조들로부터도 선물이 도착했다. 자수 솜씨가 좋았던 스코틀랜드의 여왕 메리는 은실로 화려하게 수놓은 진홍색 새틴 스커트를 친척 언니에게 보냈으며, 전하는 말에 따르면 엘리자베스는 이것을 받고 대단히 기뻐했다고 한다. 러시아의 차르 이반 4세는 여왕을 위해 진귀한 물건들을 산더미처럼 실어 보내왔다. 여기엔 "네 조각으로 나눈 금으로 만든 페르시아 의상과, 은으로 만든 진기한 의상 두 벌"을 비롯해서 터키 산 카펫 하나와 흰 담비 가죽, 하얀 점 스라소니 모피, 검은 담비 가죽 등이 각각 40개씩 들어 있는 상자 4개가 포함되어 있었다.

엘리자베스 여왕도 종종 푸짐하게 선물을 베풀었다. 총애하는 조신들에게 보석을 내려주었으며, 의상장 월터 피시에게 궁녀나 귀족여인들이 쓸 소품을 만들라고 하기도 했다. 때때로 자신이 사용했던 의복들을 물려주었다. 여왕 자신이 스스로 드레스를 수선해 입었기 때문에, 여왕의 '물림옷' 선물을 받은 여인들로서는 모욕이라고 생각할 이유가 없었다. 선물을 받게 된 행운의 여인들은 이 물건들이 최고의 품질에 엄청나게 비싸며 이 세상에서 가장 정교한 자수작품으로 장식된 것임을 알고 있었다.

자수장이가 수틀을 팽팽하게 정리한 다음 수를 놓고 있다. 데이비드 스미스는 엘리자베스 여왕의 집권 초기부터 1587년 그가 죽을 때까지 여왕의 의상 대부분에 자수를 담당했다.

꽃·새·바다동물들의 자수,
진주 장식이 달려 있는
거미줄처럼 투명한 베일,
보석들을 배치한 가장 화려한
드레스를 입은 엘리자베스가
국왕의 권위와 장엄함을
발산하고 있다. 드레스의
페티코트를 장식한 환상적인
이미지들은 아마도 여왕의
부탁을 받고 하드위크의 베스가
직접 수놓은 자수작품일 것이다.

**가면극**(Masque) 궁정 가면극이라고도 함. 시와 음악과 춤을 총합해 화려하게 꾸민 연극적 요소가 강했던 여흥. 직업배우들과 궁정의 귀부인들과 젠틀맨들이 함께 참여했다.

**가야르**(Galliard) 유럽 대륙에서 시작된 경쾌한 춤의 일종. 빠르게 다섯 번 스텝을 밟고 한 번 공중으로 뛰어오르는 것이 가장 간단한 가야르였다.

**가터 기사**(Knights of the Garter) 잉글랜드의 명예 기사 작위. 대영제국에서 시민이 얻을 수 있는 최고의 명예훈장이다.

**개방경지제**(Open-field system) 부유한 지주 또는 중세의 영주 소유였던 경작 가능한 땅을 크게 세 부분으로 나누어 활용했던 토지제도. 농부들은 여기저기 흩어져 있는 땅뙈기를 임대해서 경작했다.

**곰곯리기**(Bearbeating) 곰을 쇠사슬에 묶어놓은 다음 마스티프 같은 초대형 사역견을 풀어놓고 싸움을 시키던 도박의 일종.

**곰 투기장**(Bear pits) 곰곯리기가 펼쳐졌던 원형 경기장.

**공동 기도서**(Book of Common Prayer) 성공회 기도서. 영국 국교회에서 사용했던 예배전례에 관한 규정을 밝힌 책으로, 1549년에 영국 국교회에서 사용하도록 허용된 이후 1662년까지 여러 차례 개정을 거듭했다. 오늘날 영국 성공회에서도 그때 개정된 것을 약간 수정해 사용하고 있다.

**공작**(Duke) 유럽의 귀족 칭호로, 왕이나 왕자 다음으로 가장 높은 직위였다.

**괴혈병**(Scurvy) 비타민C 결핍으로 생기는 병. 잇몸에서 피가 나고, 몸에 쉽게 멍이 들고, 피부 염증과 관절이 뻣뻣해지며, 극심하게 쇠약해지는 증상이 나타난다. 이 병의 원인과 치료법이 밝혀진 1753년 이전까지 괴혈병은 선원들을 불구로 만들거나 죽음으로 몰고간 주요 질병이었다.

**구빈법**(Poor Law) 수년에 걸쳐 여러 차례 개정된 법률이지만, 그 중 가장 중요한 것은 엘리자베스 1세 때 가난한 사람들을 구제하기 위해서 인세를 부과한 것이다. 이 법률은 거지와 거지가 아닌 사람들을 확실히 구분해서, 거지를 도와주고 후자를 징벌했다.

**국교 기피자**(Recusant) 영국 국교회의 권위를 인정하지 않으며 예배 참석을 거부한 로마 카톨릭 교도. 이들은 벌금을 물거나 다른 처벌을 받아야 했다.

**궁녀**(Maids of honor) 여왕의 내실에서 궁내관들과는 다른 부분에서 여왕의 개인적인 시중을 들었던 결혼하지 않은 귀족 집안의 여인들.

**귀족**(Nobility) 혈통과 지위에 있어서 특권을 누렸던 상류계층으로, 엄밀하게 말하면 공작 · 후작 · 백작 · 자작 · 남작의 세습 작위를 가지고 있는 사람들을 말한다. 출생에 의해서나 군주로부터 승진을 받지 않고는 누구도 귀족 반열에 오를 수 없었다.

**귀족원**(House of Lords) 영국의회의 상원으로, 귀족과 교회의 주교들로 이루어졌다.

**그라운들링**(Groundlings) 엘리자베스 시대에 극장의 1층 바닥에 서서 연극을 관람하던 관객들.

**그레이스 인**(Gray's Inn) 네 군데의 법학원 중에서 상류층의 자제들이 가장 많이 다녔던 가장 화려한 곳. 이곳의 학생들은 진지하게 법학을 공부하기보다는 학교를 다니는 것 자체에 더 큰 의미를 두는 분위기였다.

**기사**(Knight) 중세와 엘리자베스 시대의 젠틀맨 출신의 군인을 말한다. 귀족을 제외하곤 가장 높은 칭호로, 남작 바로 아래이자 에스콰이어보다는 한 단계 높았다. 기사 작위는 세습되지 않았다.

**기적극**(Miracle play) 성인들의 삶, 그들이 일으킨 기적, 순교 등의 주제를 사실적으로 혹은 허구를 가미해 극화했던 중세의 연극. 원래는 중세의 수도사들이 수도원 안에서만 무대에 올렸지만, 튜더 시대에 이르면 축제 등에서 상연되었다.

**기턴**(Gittern) 오늘날의 기타와 유사한 철현으로 만들어진 중세의 현악기.

**길드**(Guild) 특별한 생산품이나 서비스에 있어서 상업을 조직, 구제, 조절과 규제, 제한할 권리를 지녔던 동업자 조직.

**내과의사**(Physicians) 중세 3등급의 의료직업인 중에서 가장 권위를 인정받았던 치료사. 내과의사들은 대학에서 훈련을 받았지만 치료기술에 한계가 있었으며, 이론에 치우친 면이 있었다. 그들은 주로 부유한 소수의 환자들만 접촉할 수 있었기 때문이다.

**대관식**(Coronation) 왕이나 여왕 혹은 군주의 배우자의 머리에 왕권을 상징하는 왕관을 씌워주는 의식.

**대 재건축**(Great Rebuilding) 장미전쟁이 끝난 후 부유한 젠틀맨들과 귀족들이 우아한 장원과 대저택을 새로 지었던 1570년에서부터 1640년까지의 시기. 중세 때 방어목적의 성채와는 달리 쾌적하고 안락한 생활을 위한 아름다운 주택들이 세워졌다.

**도덕극**(Morality play) 은유적인 등장인물들을 통해 구원에 이르려는 영혼들의 투쟁과정을 형상화한 중세 연극의 일종.

**도제**(Apprentice) 장인 밑에서 기술과 공예를 배우는 젊은이.

**돌팔이**(Charlatan) 엘리자베스 시대의 행상인 중에서 특히 약효를 과장해서 약을 팔았던 사람.

**런던 탑**(Tower of London) '타워'라고도 부른다. 원래 11세기 정복왕 윌리엄이 건립했던 요새였지만, 세월이 지나면서 점점 확대되어 16세기에 이르면 약 7만 3,000m²의 면적에 19개의 탑들이 있고 여러 겹의 방벽들과 물이 채워진 해자가 있는 성채가 되었다.

**레이피어**(Rapier) 기다랗고 가는 찌르기용 쌍날 칼.

**류트**(Lute) 커다란 서양배 모양의 몸통에 뒷면이 구부러진 목(neck)에 조율용 막대못이 달려 있었던 현악기의 일종. 손가락으로 뜯어서 연주했으며, 반주용 악기로 사랑받았다.

**마그나 카르타**(Magna Carta) '대헌장' 또는 '왕실헌장'이라고도 한다. 1215년 잉글랜드의 존 왕이 승인한 것으로, 잉글랜드 자유민의 기본권과 시민 자유권의 기초가 되었다.

**마드리갈**(Madrigals) 2명에서 4명이 부르는 실내 성악곡. 노랫말은 세속적인 내용이면서도 엄격한 시의 형식을 따랐다. 한 가지 악기의 반주가 뒤따랐다.

**마법사**(Wizards) 마법을 부리는 사람. 마술사 등과 함께 1572년에 부랑자로 분류되었다.

**마상 창시합**(Joust) 기사 2명이 말을 달리며 긴 창을 이용해서 상대방을 먼저 쓰러뜨렸던 경기. 마상시합의 일부로 행해졌다.

**마스티프**(Mastiffs) 잉글랜드에서 고대부터 길렀던 몸집이 크고 힘이 세며 매끈한 털이 있는 개의 한 종류. 사냥과 곰골리기 등을 위해 사육했다.

**매점자**(Regrater) 음식의 원료를 한 시장에서 산 다음 같은 시장이나 약 6.5km 이내에 있는 다른 시장에 되팔아 이윤을 남기던 사람. 도매업자 또는 중개인.

**맥주**(Beer) 에일 맥주와 비슷하지만, 양조된 술에 방부제 작용을 하는 홉 열매를 넣어 맛을 더 가볍게 만든 알코올 음료.

**머스킷 총**(Musket) 16세기 후반부터 18세기까지 보병들이 어깨에 걸치고 쏘았던 총.

**메이 데이**(May Day) 5월 1일. 봄에 풍요를 비는 날로 춤과 각종 경기 등 다채로운 축제가 벌어졌다.

**메이폴**(Maypole) 오월주(五月柱). 메이 데이를 위해 식물 줄기들로 장식한 막대기. 마을 사람들은 메이폴 주위를 돌면서 오월제 춤을 추었다.

**면죄시**(Neck verse)  라틴 어 성경의 〈시편〉 51편을 가리킴. 이것을 읽을 수 있거나 외워서 암송할 수 있는 사람은 성직자로 여겨져 세속법정 대신 교회법정에서 재판받을 권리를 주장할 수 있었다.

**모의소송**(Moots)  모의재판. 법학원의 학생들이 가설적인 법률문제를 놓고 토론과 논박을 했던 것.

**목재와 이엉지붕**(Timber and thatch)  나무로 뼈대를 만든 다음 그 사이를 회반죽으로 빈틈없이 메우거나 벽돌들로 채워넣는 건축법. 지붕은 엮은 이엉을 얹었으며, 경사가 가파른 편이었다.

**문장**(Coat of Arms)  가문과 지위를 표시하기 위해 가문을 상징하는 표상들을 갑옷 위에 그린 것. 원래는 기사들이 소매가 없는 외투나 망토 위에 덧입었거나 전쟁터에서 자신의 신분을 밝히기 위해 갑옷 위에 입었던 겉옷이었다. 엘리자베스 시대에는 지위를 나타내는 중요한 역할을 했다.

**문장원**(College of Heralds)  계보를 확인하고 문장을 받을 자격이 있는 사람에게 문장을 수여했던 곳.

**미들 템플**(Middle Temple)  네 군데의 법학원 중에서 법률 커리큘럼이 가장 뛰어난 곳이었다.

**민스트럴**(Minstrels)  여러 장소를 여행하면서 노래를 부르고 시를 낭송했던 사람. 방랑시인·음유시인과 맥이 통하는데, 1572년 부랑자 법령을 개정했을 때 부랑자 범주에 포함되었다.

**바드**(Bard, the)  윌리엄 셰익스피어의 별칭.

**밤샘꾼**(Wake)  장례식을 하기 전 밤샘을 하며 시체를 지켜주었던 사람. 엘리자베스 시대에는 밤샘꾼들이 노래를 부르고 게임을 하고 술을 마시며 흥청거리면서 밤을 새우는 일이 많았다. 교회의 헌당식이나 수호성인을 기념하기 위해 교구에서 행했던 연례 축제의 의미로도 쓰였다.

**방혈**(Bloodletting)  열병 또는 다른 질병을 앓고 있는 환자의 정맥에서 피를 뽑아내어 통증을 완화시켰던 치료법.

**밭갈이 월요일**(Plough Monday)  겨울이 끝나고 한 해의 봄이 시작되었음을 알리기 위해 그해에 첫 쟁기질을 하는 날.

**배우자**(Consort)  여기에서는 여왕의 왕부나 왕의 왕비처럼 군주의 배우자를 일컬음.

**백작**(Earl)  공작과 후작보다는 낮지만 자작과 남작보다는 높았던 서열 3위의 귀족 칭호.

**버지널**(Virginal)  하프시코드와 비슷하지만 직사각형 몸통에 다리가 없는 작은 건반악기.

**법정변호사**(Barister)  잉글랜드 법정에서 재판 청구를 할 수 있는 법조인.

**법학원**(Inns of Court)  런던에 있는 네 군데 엘리트 법학원. 잉글랜드의 법정변호사가 되기 위해선 반드시 이곳에서 수학해야 했다. 명문가의 자제들에게 양질의 종합교육을 제공했다.

**베드챔버**(Bedchamber)  여왕의 구획 중에서 휴식을 위한 공간이다. 여왕에게 가장 신임을 받는 절친한 사람이나 궁녀들, 또 다른 여왕의 개인 시종들만이 알현실과 여왕의 개인 방을 거쳐 이곳에 들어갈 수 있었다.

**벤의 아들**(Son's of Ben)  벤 존슨에게 교육을 받았던 젊은 극작가들.

**보주**(Orb)  십자가가 세워져 있는 구형의 보물. 보주는 군주의 권력과 정의를 상징한다.

**부랑자**(Vagrants)  일정한 생계수단이나 거처 없이 여기저기 떠돌아다니는 사람. 사회질서와 지역공동체의 질서를 위협하는 존재로 인식되었다.

**북극성**(Polestar)  폴라리스(Polaris)라고도 부름. 북쪽에 있는 별무리 중 작은곰자리의 작은 국자 모양 부분의 '손잡이' 끝. 항법 계산 시 방위의 기준으로 이용되는 별자리이다.

**브라이드웰**(Bridewells)  교도소. 교화를 위해 지어진 작업장이나 건물. 처음엔 런던에 있던 브라이드웰 궁전의 이름을 따서 지었는데, 시간이 지나면서 부랑자들에게 일을 시키는 장소로 바뀌었고 마지막엔 가난한 사람을 가두는 감옥이 되었다.

**비법서**(Receipt book)  요리비법과 민간요법, 살림에 필요한 조언을 소개한 책.

**비올**(Viol)  바이올린과 비슷하게 생겼지만 훨씬 몸체가 컸으며 음색이 깊었던 16세기부터 18세기까지의 실내 현악기.

**사략선**(私掠船, Privateer)  정부로부터 전시에 적의 상선이나 전함을 나포·탈획·침몰시킬 수 있는 면허를 받았던 개인 소유의 배.

**사탕과자**(Sweetmeats)  단맛을 강하게 낸 모든 음식. 특히 캔디와 설탕을 넣고 졸인 과일 요리를 말한다.

**삭구**(Rigging)  범선의 돛, 돛대, 가로대, 활대, 버팀줄 등을 지탱시키거나 올리고 내리는 갖가지 밧줄이나 사슬 등을 총칭한다.

**서민원**(House of Commons)  영국의회의 하원으로, 귀족보다 계급이 낮은 젠틀맨들로 구성되었다. 그들의 동료인 토지 소유자들에 의해 선출되었다.

**서코트**(Surcoat)  기사들이 갑옷 위에 입는 튜닉, 또는 튜닉과 유사한 소매가 없는 망토.

**성직의 특전**(Benefit of clergy)  중세의 교회에서 성직자는 세속법정이 아니라 교회법정에서 재판받고 처벌할 수 있도록 주장한 특권(교회법정에서는 사형을 구형할 수 없었기 때문이다). 튜더 왕조에 이르면 글을 읽을 수 있는 사람이면 누구나 이 특혜를 주장했다.

**성채**(Bastion)  적의 공격이나 접근을 막기 위해 방어체계를 쌓은 지점.

**수장령**(Acts of Supremacy)  1534년 헨리 8세가 발표한 법률로서, 그는 영국 국교회의 최고 수장이 되어 교회를 개혁하는 권위를 인정했다. 1559년 엘리자베스 1세는 다시 영국 국교회의 최고통치자로서 교황의 최고지배권을 폐지했다.

**순회행차**(Progress)  군주가 정기적으로 왕국을 순회방문하는 공식 여행. 군주와 일행은 지방 곳곳에 있는 귀족의 집에서 머물렀으며 그사이 여왕을 위한 화려한 축하연이 열렸다.

**스케핑턴의 차꼬**(Skeffington's gyves)  꺾여 있는 공 모양의 금속 틀 속에 죄인의 몸을 집어넣고 짓눌렀던 고문기구.

**스키밍턴 타기**(Riding skimmington)  아내에게 휘둘려 사는 남편에게 수치심을 느끼게 하려고 그 당사자나 대행자를 막대기에 태운 다음 떠들썩하게 소동을 벌이며 마을을 행진했던 의식. 스탕 타기와 같은 말이다.

**시독**(Sea dogs)  노련한 뱃사람을 일컫는 별칭. 혹은 전설상의 바다동물.

**식료품 징발관**(Purveyor)  공공시설에 물품, 특히 식량공급 담당자로서, 여왕의 왕실 소속일 경우에는 보급품을 정가에 구입할 권리가 있었다.

**식자공**(Compositor)  금속활자를 원고에 맞게 조판하는 사람.

**실내 변기**(Close-stool)  등받이가 있는 나무의자처럼 생겼으며, 엉덩이가 닿는 부분에 경첩이 달린 뚜껑이 있었다. 그 뚜껑을 열면 실내용 변기가 들어 있던 작고 이동이 간편한 실내용 변기.

**실내용 변기**(Chamber pot)  침실에 두고 사용했던 이동이 가능한 요강.

**아르마다**(Armada)  스페인 무적함대. 전쟁을 위해 무장한 전함들. 특히 1588년 스페인의 펠리페 2세가 잉글랜드를 침공하기 위해 보낸 전함들을 가리킨다.

**알공킨 어, 알공킨 족**(Algonquian)  캐나다에서 캐롤라이나까지, 그리고 대서양에서 로키 산맥에 이르는 지역에 살았던 토착민. 16

세기 로어노크 섬이나 그 섬 인근에 살고 있던 부족을 포함해 이러한 알공킨 어를 사용하는 부족의 일원을 알공킨 족이라 한다.

**알현실**(Presence chamber)　여왕이 방문객을 만나거나 공식적인 의식을 행했던 장소.

**야간시각 측정기**(Nucturnal)　북극성의 위치를 알아내는 데 사용했던 항법도구.

**약제사**(Apothecary)　약과 약초로 만든 치료약을 처방·조제·투여하던 사람. 중세 3등급의 의료직업인 중에서 권한이 제일 낮은 계층이었다.

**양취란**(Cowslips)　노란색 꽃잎에 향기가 짙은 앵초(Primula veris)로 잉글랜드에서는 이른 봄에 개화한다. 장식용과 약초본으로 많은 사랑을 받아 넓은 지역에서 재배되었다.

**에스콰이어**(Esquire)　자신의 문장을 가지고 있는 젠틀맨 중에서 기사 작위를 받지 못한 사람. 하지만 기사가 될 가능성은 있었다.

**에일 맥주**(Ale)　물과 보리 맥아, 그리고 향신료를 넣어서 만든 맛이 무겁고 진한 알코올 음료. 쉽게 상하기 때문에 양조한 지 1주일 내에 소비해야 했다. 잉글랜드 서민들이 가장 좋아했던 술이었다.

**여권**(Passport)　여행자가 자유롭게 여행할 수 있도록 허락한 공증서. 구빈법에 따라서 가난한 여행자들은 목적지와 여행 목적이 적힌 이 문서를 항상 소지해야 했다.

**연주창**(Scrofula)　림프절의 확대나 변성으로 생기는 결핵성 부종의 일종으로, 주로 목 주위에 나타난다. 군주가 만져주면 치유된다는 믿음에서 '킹스 이블' 로도 불렸다.

**영국 국교회**(Church of England)　공식적으로는 잉글랜드의 종교개혁기에 헨리 8세와 엘리자베스 1세가 교황의 지상 최고권에 반대해서 만들었던 영국의 프로테스탄트 교회.

**오수 구덩이**(Cesspool)　구정물이나 실내용 변기의 오물을 쏟아버리던 깊게 파여진 곳으로, 맨 위에는 뚜껑이 덮여 있었다.

**옥외변소**(Privie(Privy))　바깥벽 쪽에 아주 작은 공간을 내어 설치했던 화장실. 오물을 내려가게 하는 수직 통로 위에 앉을 수 있는 자리를 만들었다.

**와이즈 우먼**(Wise women)　엘리자베스 시대에 다른 여인들의 병을 고쳐주던 치료사. '마녀' 라고도 불렸다.

**외과의사**(Surgeons)　중세 3등급의 의료직업인 중에서 중간 계급. 이들은 이론보다는 지식과 기술을 근간으로 전쟁터의 부상자를 비롯해 다양한 상처를 치료하면서 얻은 지식과 기술을 소중히 했다.

**요먼**(Yeomen)　자신의 땅과 농지를 소유하며, 사회계층에서 노동자보다는 높지만 젠틀맨보다는 낮은 자유인. 귀족이나 왕실의 시종, 가신, 호위병, 하급관리로 일할 수 있었다.

**우주형상지**(宇宙形狀誌, Cosmography)　세계 혹은 우주의 형성에 대해 총체적으로 기술해놓은 책. 지리학이나 점성학 등 가시(可視) 우주에 대한 연구로 항법 측정과 계산에 도움이 되었다.

**의정관**(Gentleman usher)　젠틀맨 출신 중에서 왕실가족이나 귀족의 저택에서 개인 하인 일을 했던 사람.

**의회**(Parliament)　잉글랜드의 국가 입법기관. 상원과 하원으로 구성되며, 여왕이 소집할 때에만 개정되었다.

**인쇄공**(Pressman)　판형에 잉크를 묻히고 인쇄할 종이를 준비하는 인쇄직공.

**인클로저**(Enclosure)　공동으로 사용했던 개방 경작지와 공유지에 울타리와 담을 쳐 막고 영주 등의 개인 사유지로 통합시켰던 근대 토지제도. 이 제도로 인해 사람들이 방목과 농작물 재배권을 잃게 되었다.

**장미전쟁**(War of the Roses)　1455년부터 1485년까지 랭커스터 가와 요크 가가 잉글랜드 왕권을 놓고 벌였던 일련의 전쟁.

**잭오브플레이트**(Jack of plate)　부상 방지를 위해 캔버스 천에 쇠

미늘을 넣어 연결하거나 천 밑에 철판을 겹쳐서 만든 소매가 없는 보병용 전투복.

**저지대 국가들**(Low Countries)  오늘날의 벨기에, 네덜란드, 룩셈부르크를 가리킨다.

**젠틀맨**(Gentleman)  넓은 의미로는 농토를 소유한 요먼, 노동자, 상인보다 지위가 높았던 계층 전체를 가리켰다. 이들은 직접 노동을 하지 않았으며, 교양 있고 예의바른 남자의 모습을 보여주어야 했다.

**조과**(Matins)  아침예배 또는 아침기도.

**조신**(Coutier)  조정에서 벼슬살이를 하는 사람. 궁정인.

**족쇄**(Irons)  다리나 발목에 채우는 쇠사슬이나 차꼬.

**종교개혁**(Reformation)  16세기 초반 서유럽에서 로마 카톨릭 교회의 일부 교리와 관행들을 개혁하려는 목적으로 일어났던 종교운동. 이 운동은 결과적으로 전 유럽에 로마 교황청의 권위를 거부하는 프로테스탄트 교회들이 세워지는 배경이 되었다. 영국 국교회도 그중 하나이다.

**주부**(Goodwife)  양처. 한 집안의 안주인. 기혼여성에게 정중함의 표시로 붙였던 호칭이었는데, 귀족여인에겐 붙이지 않았다.

**차꼬**(Bilboes)  기다란 쇠붙이를 바닥이나 땅에 박아서 죄수들의 발목이나 다리에 채웠던 족쇄.

**창**(Lance)  마상 창시합에서 사용되었던 찌르기용 무기. 기다란 나무 손잡이 끝부분에 날카롭게 날을 세운 금속 머리가 달려 있었다.

**창**(Pike)  나무로 만든 기다란 손잡이 끝에 끝이 뾰족한 금속이 달려 있었던, 보병들이 주로 사용했던 전쟁무기.

**처녀 여왕**(Virgin Queen)  엘리자베스 1세의 별칭.

**처치에일**(Church-ales)  교회에서 교구의 기금 마련을 목적으로 맥주나 에일 맥주를 팔았던 행사.

**추밀원**(Privy Council)  잉글랜드의 국내외 정치적 결정에 엘리자베스 여왕의 개인 자문관으로 선임된 사람들.

**추측항법**(Dead reckoning)  배의 항로와 여행한 거리를 대략 계산해서 배의 현재 위치를 알아내는 방법.

**축구**(Football)  하층계급 사람들이 좋아했던 거친 스포츠이며, 현대 유럽 축구보다 규칙이 간단했다.

**치안판사**(Justice of the peace)  왕으로부터 재판 · 법률 집행과 왕실 포고문의 실행과 실시 권한을 위임받았던 젠틀맨. 경미한 민사 · 형사 재판을 할 권한이 있었다.

**칼**(Pillory)  죄수의 머리와 양손을 구멍 속에 집어넣은 다음 사람들 앞에서 조롱거리를 만들던 나무로 만들어진 형틀.

**커닝우먼**(Cunning women)  잃어버린 물건을 찾아주고, 앞일을 예언하고, 마법으로 병자를 낫게 하고, 요정 여왕의 힘으로 정력을 찾아주는 등의 마법적인 힘이 있다고 주장한 여자.

**컴펜디움**(Compendium)  항법에서 나침반, 해시계, 야간시각 측정기, 그리고 유럽 주요 항구들의 위도와 조류 일람표를 하나로 묶은 항해도구.

**코들**(Caudle)  에일 맥주와 우유, 빵가루, 달걀 노른자를 넣어 끓인 따뜻하고 부드러운 유동식.

**코르셋**(Corset)  가슴과 허리, 엉덩이선을 조임으로써 겉옷의 맵시를 돋보이게 하는 속옷의 일종. 또 화려한 장식을 많이 달아서 레이스가 달려 있는 재킷이나 보디스 등과 함께 겉으로 드러내 입는 옷이기도 했다.

**코페르니쿠스적 관점**(Copernican view)  지구가 매일 자전을 하면서 다른 행성들과 함께 태양 주위를 돌고 있다는 코페르니쿠스의 이론. 지구를 우주의 중심으로 생각했던 이전의 관점과는 정반대되는 이론이었다.

**쿼크샐버**(Quacksalver)  의학 지식과 기술이 있는 것처럼 꾸미던 엉터리 의사.

**클링크**(Clink)  원래는 런던에 있던 교도소의 이름이었지만, 나중엔 감옥과 죄수를 가리키는 속어로 쓰였다.

**킹스 멘**(King's Men, the)  제임스 1세가 후원자로 있던 연극 극단으로, 셰익스피어도 한때는 이곳의 단원이었다.

**킹스 이블**(King's evil)  연주창의 별칭.

**태피스트리**(Tapestries)  명주실, 무명실, 털실 등의 색실을 이용해 손으로 짠 무거운 직물. 다양한 색채가 혼합되어 풍부한 질감의 도안과 풍경을 나타냈다. 6장 이상이 한 세트였으며, 회랑의 장식용 벽걸이 등으로 사용되었다.

**투계**(Cockfight)  닭의 며느리발톱에 날카로운 쇠발톱을 고정시킨 다음 두 마리의 닭을 서로 싸우게 했던 도박의 일종.

**투계장**(Cock pit)  투계가 열렸던 우리.

**특허장**(Patent)  정부나 군주가 정부 소유의 땅에 대한 단순 부동산권을 어떤 사람에게 양도한 것. 또는 그렇게 양도한 땅.

**파딩게일**(Farthingale)  철사나 고래뼈 또는 나무로 만든 버팀살을 넣어서 스커트 밑에 입었던 속치마의 일종. 스커트를 허리에서부터 종 모양으로 넓게 펼쳐주는 역할을 했다.

**페티코트**(Petticoat)  겉에 입는 스커트 또는 많은 장식이 달리고 자수가 놓여져 드레스와 함께 입었을 때 조화를 이루도록 디자인된 스커트. 속치마용으로는 보온을 위해 입었으며, 또는 파딩게일 대신 드레스의 양감을 살리기 위해 여러 겹을 겹쳐서 입기도 했다.

**퓨리턴**(Puritans)  16세기에서 17세기 동안 엄격한 종교철학과 단순한 종교 관행을 신봉한 잉글랜드의 프로테스탄트 일파.

**퓨리턴주의**(Puritanism)  엄격한 도덕성을 강조하면서 천박함이나 사회적 쾌락 또는 개인의 방종을 거부했던 퓨리턴의 엄격한 신앙과 관습.

**프리메로**(Primero)  카드를 조합해서 점수를 내는 카드 게임의 일종으로 현대 포커 게임의 초기 전신이다.

**피의 메리**(Bloody Mary)  메리 1세가 수많은 프로테스탄트들을 이단으로 몰아 사형시킨 것으로 인해 붙여진 별명이다.

**피후견인**(Protege)  다른 사람의 경제적 후원과 지도를 받으며 교육을 받고 경력을 쌓아가는 사람.

**하우스키퍼**(Housekeeper)  극장의 주주를 일컫는다.

**항해사**(Pilot)  배의 키를 잡고 조종하는 사람. 넓은 의미로는 배의 키잡이이며, 일시적으로는 배가 항구에 입·출항할 때나 항해 도중 위험한 풍랑을 만났을 때 배가 나아갈 방향을 지휘했던 사람을 말한다.

**해시계**(Sundial)  태양광선에 의해 생긴 물체의 그림자의 위치를 이용해 낮의 시각을 알려주는 측정기구의 일종.

**해적 행위**(Piracy)  무장한 배를 이용해서 다른 사람 소유의 배나 그 선적물을 훔치는 행위.

**향료갑**(Pomanders)  방향성 약초와 향료들을 담아놓은 작은 꾸러미나 구멍을 낸 용기. 몸에 소지하고 다니다가 불쾌한 냄새가 나는 곳에서 냄새를 맡았다.

**화공선**(Fire ship)  폭발물이나 가연성 물질을 가득 채운 다음 조류와 바람을 이용해 적함 쪽으로 흘려보내 적함을 파괴하거나 적의 전열을 흐트러뜨릴 목적으로 제작된 작은 배.

**호스피털**(Hospital)  피난민이나 가난한 노인, 환자, 젊은 세대를 교육시켰던 자선 교육 시설.

**혼북**(Hornbooks)  나무판 위에 양피지를 씌운 다음 그 위에 투명한 동물의 뼈를 붙여 단단하게 굳힌 교육용 글자판. 혼북에는 대개

알파벳과 숫자, 주기도문이 씌어 있었다.

**홀**(笏, Scepter)  군주의 권위와 통치권을 상징하는 장식용 봉(棒) 또는 지팡이.

**회랑**(Galleries)  엘리자베스 시대의 극장에서 극장의 3면에 빙 둘러 만들어진 부자들의 객석. 또는 궁전이나 대저택에서 그림과 태피스트리로 장식하고 회합실이나 전시장 성격으로 사용했던 넓은 공간.

**후견재판소**(Court of Wards and Liveries)  왕실 친척들 중 피후견인들, 미망인, 죽은 토지 소유자의 서자 상속자들, 그리고 재산권 행사를 하기 어려운 금치산자들의 지위와 재정 문제를 관리·감독했던 법정기관.

**훼리**(Wherry)  여객선과 상업선으로 이용되었던 노를 저어 움직인 작은 배. 카펫이 깔려 있거나 작은 가구가 설치되어 있었다.

# 찾아보기

옮긴이_권경희 한국외국어대학교 서양어대학 영어과를 졸업하고 현재 전문 번역가로 활동하고 있다. 옮긴 책으로는 《유쾌하게 나이 드는 법 58》《카오딕》《뼛속까지 내려가서 써라》《세상을 바꾸는 작은 관심》《아름다운 비행》《비즈니스 천재의 5가지 얼굴》등이 있다.

*What Life Was Like* 엘리자베스 여왕의 왕국

초판 1쇄 펴낸 날 _ 2004. 7. 31

지은이_ 타임라이프 북스
옮긴이_ 권경희
펴낸이_ 이광식
편 집_ 한미경 · 오경화 · 김지연     영 업_ 윤영민 · 문은정
펴낸곳_ 도서출판 가람기획     등 록_ 제13-241(1990. 3. 24)
주 소_ (우 121-130)서울시 마포구 구수동 68-8 진영빌딩 4층
전 화_ (02)3275-2915~7     팩 스_ (02)3275-2918
전자우편_garam815@chollian.net     홈페이지_www.garambooks.co.kr

ISBN 89-8435-179-2 (04900)
      89-8435-172-5 (set)
ⓒ 가람기획, 2004

**What Life Was Like In the Realm of Elizabeth**
Edited by Denise Dersin
Original copyright ⓒ 1998 by Direct Holdings Americas Inc.
Korean translation copyright ⓒ 2004 by Garam Publishing Co.
This Korean edition was published by arrangement
with Direct Holdings Americas Inc.
through Best Literary & Rights Agency, Korea
All rights reserved.

이 책의 한국어판 저작권은 베스트에이전시를 통한
원저작권자와의 독점계약으로 도서출판 가람기획이 소유합니다.
신저작권법에 의하여 한국 내에서 보호를 받는 저작물이므로
무단전재와 무단복제를 금합니다.

*값은 뒤표지에 있습니다.
*잘못된 책은 구입한 서점에서 바꿔드립니다.

*서점에서 책을 살 수 없는 독자들을 위해 우편판매를 하고 있습니다.
   수    협  093-62-112061(예금주:이광식)
   농    협  374-02-045616(예금주:이광식)
   국민은행  822-21-0090-623(예금주:이광식)